Inhalt

Einleitung

Der Bau von Nistkästen und Futterhäuschen hat eine lange Tradition. Das hängt sicherlich damit zusammen, dass sich dort die beste Möglichkeit bietet, unsere gefiederten Freunde zu beobachten. Allerdings muss ein Nistkasten oder ein Futterhäuschen nicht nur aus einigen roh zusammengenagelten Brettern bestehen, sondern kann auch dekorativ gestaltet werden. Das zeigt die Vielfalt der Modelle im Buch.

Dabei wird aber, und das ist besonders wichtig, immer von den Bedürfnissen der Vögel ausgegangen. Die Grundmaße der Nistkästen entsprechen den Vorgaben des Landesbundes für Vogelschutz in Bayern e. V. Einen Nistkasten oder ein Futterhäuschen zu bauen kann ein Anfang sein, sich für die heimische Vogelwelt zu interessieren und sich im Vogelschutz zu engagieren. Meist finden sich in der nächsten Umgebung zahlreiche

Möglichkeiten, dies zu tun. Die Vogelschutzverbände klären Sie darüber gerne auf.

Unter der Vielzahl der beschriebenen Modelle gibt es ganz leicht zu bauende ebenso wie solche, die begeisterte Bastler herausfordern. Alle Häuschen haben jedoch eines gemeinsam: Sie sind ein Blickfang in Ihrem Garten und erregen gewiss die Aufmerksamkeit Ihrer Freunde

und Nachbarn. Kindern macht es riesigen Spass, wenn sie beim Bauen und Bemalen mithelfen und ihre eigene Kreativität einbringen dürfen. Deshalb sei hier angemerkt, dass Sie sich nicht immer akribisch an jede Vorgabe halten müssen, sondern auch Ihre eigenen Ideen verwirklichen sollten. Ein besonderes Erlebnis für die ganze Familie ist es dann, wenn Familie Blaumeise ihr Eigenheim bezieht.

Meinen beiden ausgeflogenen Töchtern Barbara und Sabine. Viel Glück im eigenen Nistkasten.

Lebensraum Garten

Gärten sind ein kleines Stück Natur, ein Erhohlungs- und Freizeitraum in unserer unmittelbaren Umgebung. Sie sollten aber auch ein Lebensraum für Vögel, Kleintiere und Insekten sein. Denn in unseren Anlagen haben diese Arten immer weniger eine Überlebenschance, weil dort oftmals nur noch pflegeleichte Ziergehölze und kurzgeschnittener englischer Rasen zu finden sind. So manche Gartenbesitzer besinnen sich jedoch wieder darauf, dass ihr Garten ein Stück Umwelt für alle Lebewesen ist. Sie pflanzen heimische Strauchgehölze, die Früchte tragen, legen Wildblumenwiesen an, errichten Kleinstbiotope wie Teiche, Steinmauern und Totholzplätze, lassen die Laubhaufen liegen und verzichten vor allem auf den Einsatz von Giftstoffen – ein erster Schritt, den Lebewesen, die wir lieben, z. B. den Vögeln, eine Basis zum Überleben zu schaffen. In einem

Wildblumenwiesen bieten einer Vielzahl von Insekten und Kleintieren Lebensraum. Um den Pflanzen das Ausreifen der Samen zu ermöglichen, sollte nur einmal im Jahr, im Herbst, gemäht werden.

naturnah gestalteten Garten werden die Gäste am Futterhaus und im Nistkasten nicht lange auf sich warten lassen.

Material und Werkzeug

Werkstoffe für Futterhäuser und Nistkästen

Massivholz ist der natürlichste und der am leichtesten zu bearbeitende Werkstoff. Weil rohe,

Für den Bau der Vogelhäuser und Nistkästen werden Leimholzplatten verwendet. Aus ihnen werden auch die Leisten gesägt, wenn man sie nicht fertig gehobelt kaufen möchte.

preiswerte Bretter aus dem Sägewerk aber oft stark verworfen und außerdem schlecht zu bemalen sind, wurde für die Modelle im Buch nur gehobeltes 18 mm dickes Leimholz verwendet. Leimholzplatten sind in den meisten Baumärkten in Größen von 20 x 80 cm bis 40 x 200 cm zu bekommen,

oft auch als günstiges Aktionsangebot. Fragen Sie doch einmal in Ihrem Baumarkt nach, vielleicht sägt man Ihnen dort die Platte auf das gewünschte Maß zu.

Ob Fichten-, Tannen- oder Kiefernholz verarbeitet wird, spielt keine Rolle. Durch den höheren Harzanteil ist Kiefernholz wetterbeständiger, allerdings auch teurer.

Alle Leisten mit rechteckigem oder quadratischem Querschnitt lassen sich aus Leimholzplatten schneiden, können aber auch gekauft werden. Rundstäbe besorgt man sich am besten im Baumarkt.

Bei einigen Modellen wurde auch Sperrholz verwendet. Birken- oder Kiefernsperrholz ist dem weicheren Pappelsperrholz vorzuziehen. Das Sperrholz muss nicht wasserfest sein, das wäre zu teuer. Alle Futterhäuser und Nistkästen werden mit umweltverträglicher Farbe oder Wachsbeize gestrichen. Wird Dachpappe für die Dacheindeckung gebraucht, so genügen kleine Reste, die man sich bei Nachbarn und Freunden besorgen kann.

Schrauben, Nägel und andere Beschlagteile sollten verzinkt sein oder aus rostfreiem Metall bestehen. Für die Befestigung der Kleinteile brauchen Sie 15 mm lange Nägel mit Stauchkopf. Schrauben in der Größe 4 x 40 mm sind für die meisten Arbeiten ausreichend.

Zum Verleimen eignet sich am besten wasserfester Weißleim. Er wird von verschiedenen Herstellern mit dem Hinweis »Wasserfest« und der Bezeichnung EN 204 D3 angeboten.

Farben machen die Nistkästen und Futterhäuschen freundlich und attraktiv. Sicherlich haben die Vögel davon keinen Nutzen, aber auch keinen Schaden. Allerdings dürfen nur umweltverträgliche Farben eingesetzt werden. Der Innenraum der Nistkästen wird nicht gestrichen. Am besten eignen sich wasserlösliche Acryllacke, die nach dem Trocknen wasserfest sind. Die Pinsel lassen sich nach Gebrauch mit Wasser reinigen. Acryllacke kann man außerdem, stark verdünnt, wie eine Lasur verwenden, welche die Holzmaserung durchscheinen lässt. Das Gleiche gilt für wasserlösliche Wachsbeizen. Zusätzlich zum Beizen kann die Oberfläche mit Hartwachs versiegelt werden. Machen Sie vor dem Streichen Ihres Werkstückes eine Farbprobe auf dem gleichen Holz, so sind Sie sicher, den gewünschten Farbton zu bekommen.

Ungeeignetes Material

Verwenden Sie keine Materialien, die den Vögeln schaden könnten. Das gilt z. B. für Holzschutzmittel, bei denen Sie nicht ganz genau wissen, ob sie Giftstoffe enthalten. Dachbedeckungen aus Metall wie Kupfer oder Blei heizen den Nistkasten wie einen Backofen auf – mit entsprechend negativen Folgen für die Jungvögel. Rostende Bleche oder Gitter mit scharfen Kanten, mögen sie auch noch so dekorativ aussehen, haben an Nistkästen und Futterhäuschen ebenfalls nichts zu suchen. Sie bergen immer die Gefahr der Verletzung für die Vögel.

Verwenden Sie keine Heißklebepistolen, denn der Heißkleber hält den Witterungsverhältnissen im Freien nicht stand. Wenn er sich löst, war Ihre Arbeit umsonst. Das Gleiche gilt für Spanplatten, die möglicherweise noch schadstoffbelastet sind.

Benötigtes Werkzeug

Wer sich heute in seiner Freizeit mit Holzarbeiten beschäftigt, besitzt eine Vielzahl an Werkzeugen, Handmaschinen sowie stationären Holzbearbeitungsmaschinen. Ich möchte aber gerade auch Anfänger ermutigen, zur Säge zu greifen und einen Nistkasten oder ein Futterhäuschen zu bauen.

Neben den unten gesondert aufgeführten Werkzeugen gehören ein mittelschwerer Hammer, eine Feile, eine Zange,

*Die meisten Werkzeuge sind wahr-
scheinlich in Ihrer Werkstatt vor-
handen. Japanische Feinsägen mit
ihrem feinen Schnitt eignen sich
besonders für präzise Arbeiten.*

zwei Schraubzwingen (etwa
30 cm lang), Schraubenzieher
und Schleifpapier der Körnung
120 zur Ausrüstung.

Sägen

Eine Handsäge leistet gute
Dienste. Mit einem Fuchs-
schwanz oder einer Feinsäge
beispielsweise lassen sich alle
geraden Schnitte ausführen. Ich
arbeite seit Jahren überwiegend mit japanischen Sägen,
die sich durch hervorragende
Schnittqualität und Schärfe

auszeichnen. Ein weiterer Vorteil dieser Sägen ist, dass sie
im Gegensatz zu den herkömm-
lichen gezogen und nicht ge-
stoßen werden. Auf diese Weise
wird ein Verbiegen oder Ein-
klemmen des Sägeblattes
vermieden. Da die Sägen in
Deutschland leider nicht von
jedem Fachgeschäft geführt
werden, möchte ich Sie auf
eine Bezugsquelle am Ende des
Buches hinweisen.

Wer elektrische Maschinen be-
vorzugt, greift zur Stichsäge
oder Handkreissäge. Mit der
Handkreissäge kann man nur
gerade Schnitte ausführen.
Stichsägen lassen sich sowohl
für gerade als auch für Kurven-

schnitte einsetzen. Für ge-
schwungene kleine Teile ist die
Laubsäge nach wie vor eine
ideale Säge. Wichtig ist bei allen
Sägen das Sägeblatt. Ein grob
gezahntes Sägeblatt wird immer in Faserrichtung des Holzes
eingesetzt. Fein gezahnte Säge-
blätter verwendet man für
Schnitte quer zur Holzfaser.

Bohrer

Eine elektrische Bohrmaschine
ist in fast jedem Haushalt zu
finden. Handlicher für kleine
Bohrarbeiten ist ein Akku-
schrauber. Mit ihm lassen sich
die Schraubenlöcher vorbohren.
Sie können ihn außerdem zum
Eindrehen der Schrauben verwenden. Zum Bohren sollten

immer nur gut geschärfte Bohrer, am besten Holzbohrer, verwendet werden. Das Einflugloch bohren Sie mit einem verstellbaren Holzbohrer. Man kann es aber ebenso aussägen. Verstellbare Holzbohrer dürfen jedoch nur in einer Tischbohrmaschine verwendet werden. Beim Bohren muss das Werkstück fest eingespannt sein. Zum Versenken der Schraubenköpfe wird ein Krauskopf verwendet.

Messwerkzeuge

Anschlagwinkel und Meterstab sind unverzichtbar. Von Vorteil ist ein Gehrungswinkel oder eine Schmiege zum Anzeichnen. Notfalls lässt sich ein Blatt Papier so falten, dass der richtige Winkel von der Zeichnung auf das Holz übertragen werden kann.

Arbeitssicherheit

Beim Arbeiten mit Werkzeug besteht immer die Gefahr sich zu verletzen. Dies gilt ganz besonders für elektrische Hand- und Standmaschinen. Beachten Sie deshalb stets die Sicherheitshinweise der Hersteller. Spannen Sie Ihr Werkstück beim Sägen und Bohren mit Zwingen auf der Arbeitsplatte fest. Legen Sie elektrische Kabel so, dass sie mit dem Sägeblatt nicht in Kontakt kommen können.

Arbeitstechniken

Bestimmte Arbeitsabläufe und -techniken wiederholen sich immer wieder beim Bauen der Nistkästen und Futterhäuschen. Deshalb sind sie hier zusammengefasst und können bei Bedarf nachgelesen werden.

Holzverbindungen

Die meisten Teile werden ohne konstruktive Holzverbindung stumpf verleimt und geschraubt oder genagelt. Um ein Reißen der Bretter zu vermeiden, empfiehlt es sich, sie vorzubohren oder die Nägel an der Spitze durch einen leichten Hammerschlag abzustumpfen. Somit spaltet der Nagel das Holz nicht, sondern staucht es und die Gefahr des Reißens ist gemindert. Stumpfe Verleimungen sind bei rechtwinklig oder auf Gehrung geschnittenen Brettern mög-

Turmleisten und Dachseiten, die auf Gehrung geschnitten sind, werden mit Malerkreppband fixiert.

STUMPF VERLEIMT

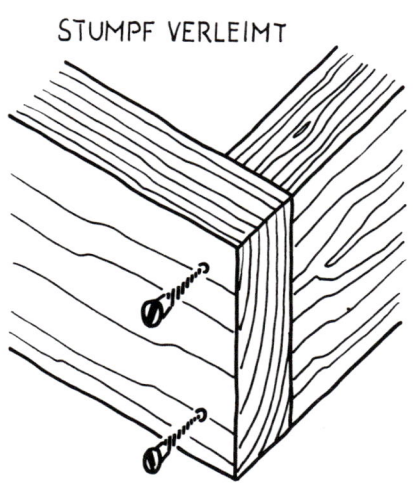

AUF GEHRUNG VERLEIMT

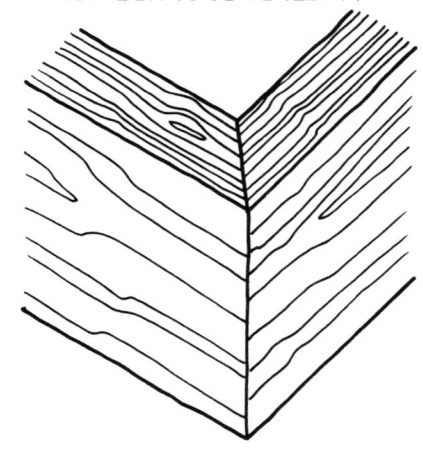

Nachdem der Leim angegeben ist, fügt man die Teile zusammen und verschließt die letzte offene Stelle mit Kreppband.

lich, z. B. beim Schlossturm oder dem Dach des Campanile. Damit sich die Teile nicht verschieben, fixiert man sie vorher mit Malerkreppband. Dies hat außerdem den Vorteil, dass die Teile vor der Leimangabe auf ihre Passgenauigkeit kontrolliert werden und Korrekturen vorge-

nommen werden können, wenn es nötig ist. Sind die Teile stimmig, so wird Leim angegeben und alles zusammengefügt. Mit starken Gummibändern lässt sich das Werkstück zusätzlich sichern.

Die Kreuzüberblattung ist eine häufig verwendete Holzverbindung. Hierbei werden zwei Leisten bis zur Mitte eingesägt, das Holz zwischen den Schnitten wird entfernt und die Teile werden ineinander gepasst.

Für Dachziegel aus Sperrholz schneiden Sie sich zuerst mehrere Streifen in der gewünschten Breite zu. Jeweils 3 bis 5 Streifen werden aufeinander gelegt und mit Kreppband zusammengeheftet. Jetzt lassen sich mehrere Dachziegel auf einmal in der richtigen Länge zuschneiden und anschließend abrunden.

Dachschindeln aus Massivholz passen gut zu naturbelassenen Futterhäusern. Zum Spalten der

Bei der Herstellung von Dachziegeln werden mehrere Sperrholzstreifen aufeinander gelegt.

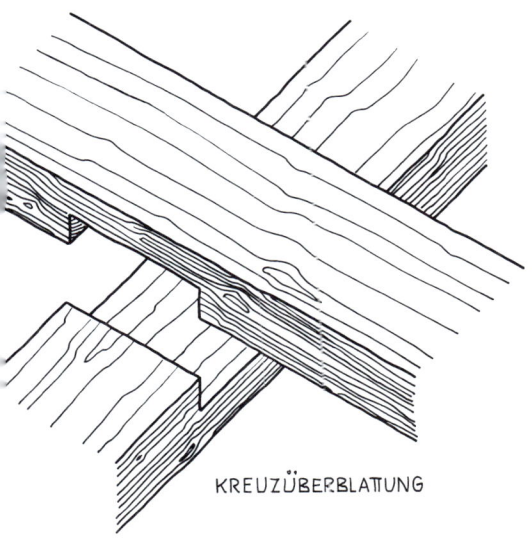

KREUZÜBERBLATTUNG

Dacharbeiten

Das Dach eines Futterhäuschens oder Nistkastens lässt sich am einfachsten mit Dach- oder Teerpappe decken. Reizvoll wirkt es, wenn Sie daraus mit einer Schere Dachziegel schneiden und aufnageln.

Schindeln eignen sich als freie Reste von Nadelhölzern. Sägen Sie quer zur Holzmaserung ein Stück, das der Länge der Schindeln entspricht, von einem Brett ab. Das Brett sollte etwa 25–30 mm stark sein. Im Abstand

von 2 mm setzen Sie ein Messer auf das Holzstück und spalten die Dachschindeln mit einem leichten Hammerschlag ab. Mit reichlich Leim, ohne Nägel, werden die Schindeln auf dem Dach befestigt.

Bevor Sie mit dem Eindecken des Daches beginnen, nageln Sie eine schmale Leiste auf die untere Dachkante. Die Leiste sollte ungefähr so dick sein wie Ihre Dachziegel. Sie gleicht den Höhenunterschied zwischen den Ziegeln der ersten und der zweiten Reihe aus.

Mit einem leichten Hammerschlag spalten Sie die Schindeln im gewünschten Abstand (etwa 2 – 3 mm) ab.

Schleifen

Da überwiegend gehobelte Leimholzplatten verwendet werden, reduziert sich das Schleifen auf ein Aufrauen der Oberfläche, damit die Farbe besser haftet und tiefer in das Holz eindringt. Schleifpapier der Körnung 120 ist dafür völlig ausreichend. Schleifen Sie aber immer in Richtung der Holzmaserung, da sonst unschöne Kratzer entstehen, die nur schwer wieder zu entfernen sind. Ein handelsüblicher Schleifklotz aus Kork, über den das Papier gespannt wird, eignet sich hierfür am besten.

Verleimen

Tragen Sie nie mehr Leim auf als unbedingt notwendig und verwenden Sie ausschließlich wasserfesten Weißleim. Wird es doch einmal zu viel und tritt Klebemasse seitlich aus, lassen Sie die Perlen erst trocknen und entfernen Sie sie dann mit einem Stemmeisen. Wird der Leim verwischt, so nimmt das Holz an diesen Stellen keine Beize an.

Für Schleifhölzer wird Schleifpapier mit doppelseitigem Klebeband auf Leisten befestigt. Mit solchen Schleifhilfen lassen sich auch schwierige Stellen erreichen.

Vergrößern und übertragen

Vergrößern Sie die Vorlage mittels eines Kopierers auf den angegebenen Prozentwert.

Legen Sie Transparentpapier oder Butterbrotpapier auf die Vorlage. Zeichnen Sie die Linien mit Bleistift nach. Dann drehen Sie das Blatt um und schraffieren die Rückseite mit einem weichen Bleistift. Wenn Sie das Blatt jetzt wieder umdrehen und die Linien auf der Vorderseite nachziehen, pausen Sie die Zeichnung auf das Sperrholz.

Natürliche Biotope, in denen menschliche Eingriffe auf ein Minimum reduziert sind, helfen eine breite Artenvielfalt zu erhalten. ▶

Nisthilfen

Ein Eigenheim für Vögel

Für viele Vogelarten ist es heute sehr schwierig, in unserer verbauten Städtelandschaft einen Nistplatz zu finden. Allzu gründlich wird in Parkanlagen und Gärten aufgeräumt mit der »toten« Natur. Es findet sich kaum noch ein hohler und morscher Baumstamm, in den eine Nisthöhle gebaut werden kann. Nicht viel besser sieht es oft in den Kulturwäldern aus, in denen alles, was keinen wirtschaftlichen Nutzen bringt, ausgeholzt wird. Mit dem Bau von Nisthilfen kann man deshalb einen wichtigen Beitrag zur Erhaltung unserer Vogelwelt leisten.

Unterschiedliche Vogelarten bevorzugen unterschiedliche Nistplätze. Meisen, Sperlinge, Trauerschnäpper, Kleiber und Stare z. B. sind Höhlenbrüter und bevorzugen die geschlossene Vier- oder Dreieckshöhle mit Einflugloch. Haus- und Gartenrotschwanz, Rotkehlchen, Zaunkönig, Bachstelzen und Grauschnäpper sind Halbhöhlenbrüter und wollen in einem halbgeöffneten Nistkasten brüten. Die unterschiedlichen Nistgewohnheiten der Vögel zu beschreiben würde den Rahmen dieses Buches

»Totes Holz« ist Nahrungsquelle für viele Kleintiere und Vögel und nimmt somit einen wichtigen Platz im Kreislauf der Natur ein.

sprengen. Ausführliche Informationen erhalten Sie bei folgender Adresse:
Landesbund für Vogelschutz in Bayern e. V., Postfach 1380, 91157 Hilpoltstein.

Standorte für Nistkästen im Garten

Der Standort für einen oder mehrere Nistkästen ist von der Umgebung, dem Lebensraum und dem Nahrungsangebot abhängig, das den Vögeln zur Verfügung steht. In kleineren Gärten (bis 500 m²) sollten Sie sich erst einmal mit zwei bis drei

Nistkästen begnügen und das Konkurrenzverhalten der Vögel beobachten. Es ist sinnvoll, die einzelnen Nisthilfen mit unterschiedlich großen Einfluglöchern für verschiedene Vogelarten zu versehen.

Geeignete Plätze sind die wetterabgewandte Seite von Hauswänden (Ost- und Nordseite), frei stehende ältere Bäume, aber auch Terrassen und Balkone. Allen Standorten sollte jedoch gemeinsam sein, dass sie nicht ganztägig der Sonne ausgesetzt sind und mindestens zwei Meter über dem Boden liegen.

Sinnvoll ist es, die Nistkästen bereits im Herbst anzubringen, solange die Bäume Laub tragen. So lässt sich leicht feststellen, ob sie frei anzufliegen und nicht zu sehr der Sonneneinstrahlung ausgesetzt sind.

Außerdem benützen viele Vögel im Winter die Nistkästen als Schlafplätze. Gelegentlich kann es vorkommen, dass eine Haselmaus oder ein Siebenschläfer seinen Winterschlaf im Häuschen hält.

Befestigung von Nisthilfen

Nistkästen müssen stabil und fest angebracht werden, damit sie nicht vom Wind heruntergerissen werden können. Die Zeichnungen zeigen vier Alternativen zur Befestigung.

Mit einer auf der Rückseite angebrachten Leiste wird der Nistkasten direkt auf eine Wand, eine Mauer oder an eine Stange geschraubt. Um den Kasten an einem Baum zu befestigen, ist das Anbinden mit einem Seil vorzuziehen, um den Baum

nicht zu beschädigen. Wenn Sie ihn dennoch anschrauben oder festnageln müssen, verwenden Sie zumindest rostfreies Material. Anstelle einer Leiste können Sie auch große Bildaufhänger oben und unten an den Nistkasten schrauben. Eine weitere Möglichkeit ist es, den Nistkasten frei an einem Ast aufzuhängen. Dabei wird ein Draht oder ein Seil doppelt um den Ast gelegt und an zwei am Dach des Nistkastens angebrachten Ösen befestigt. Um Verletzungen des Astes zu vermeiden, kann der Draht vorher durch ein Stück Plastikschlauch geführt werden.

Einflugloch

Die Fluglochgröße entscheidet wesentlich, welche Gäste sich im Nistkasten einfinden. Kleine

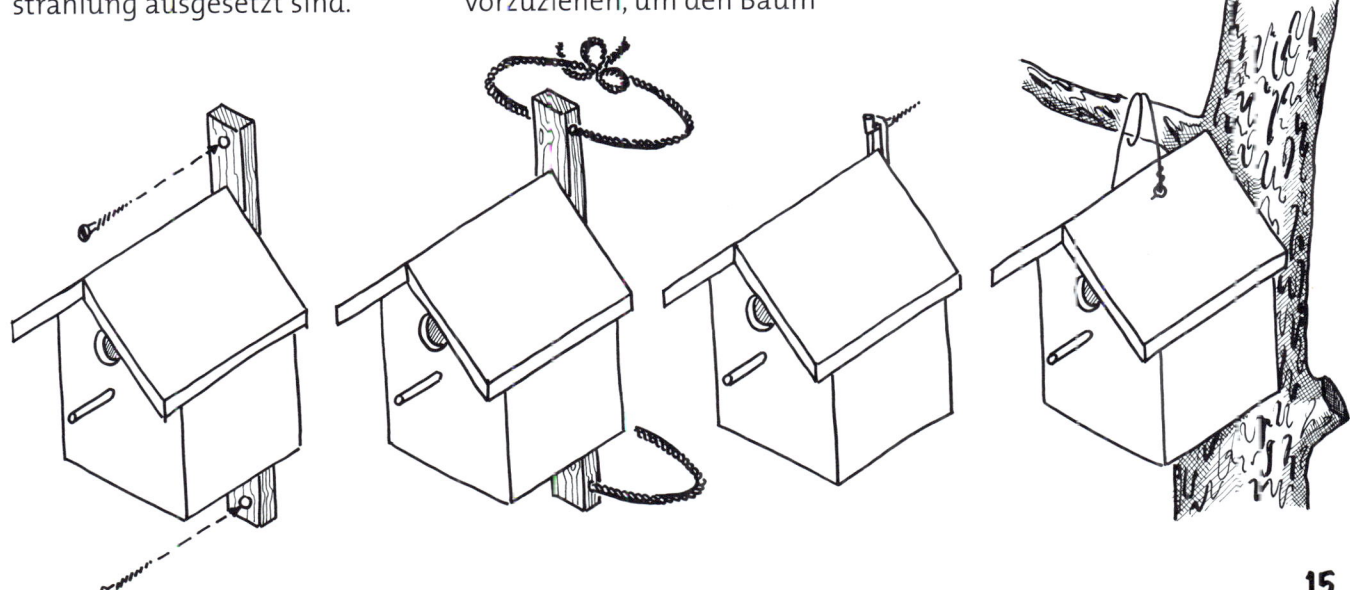

Fluglöcher verhindern, dass zum Beispiel Blau- oder Tannenmeisen von den größeren Kohlmeisen vertrieben werden. Um zu verhindern, dass das Flugloch etwa von einem Specht vergrößert weden kann, bringen Sie einen Schutz aus Blech oder Acrylglas an. Stare mögen Sitzstangen vor dem Einflugloch, andere Vogelarten brauchen sie jedoch nicht.

Die folgende Zusammenstellung zeigt, welche Fluglochgröße für welche Vogelart geeignet ist:

26–28 mm Durchmesser: Blaumeise, Tannenmeise, Sumpfmeise, Haubenmeise
32–34 mm Durchmesser: Kohlmeise, Kleiber, Sperling, Trauerschnäpper
45–50 mm Durchmesser: Star ovale Öffnung, etwa 30 x 45 mm: Gartenrotschwanz

Hausputz im Vogelheim

Eine regelmäßige Reinigung des Nistkastens ist notwendig, damit die Vogelbrut im nächsten Jahr keinen Schaden nimmt. Vogelflöhe, Milben und andere Parasiten bewohnen die alten Nester. Mindestens einmal im Jahr, am besten im Herbst, wird der Nistkasten deshalb gründlich gesäubert.

Aber Vorsicht beim Öffnen, es könnte sein, dass sich fremde Untermieter wie zum Beispiel Wespen, Bienen oder Hornissen eingefunden haben, und die sind von einer Störung nicht begeistert. Besser ist es, den Kasten einige Zeit zu beobachten. Auch Haselmäuse, Siebenschläfer oder Fledermäuse nehmen gelegentlich von Nistkästen Besitz. In diesem Falle wird der Nistkasten natürlich sofort wieder geschlossen und zu einem späteren Zeitpunkt, wenn die fremden Gäste ihn verlassen haben, gesäubert.

Entfernen Sie das alte Nistmaterial. Anschließend spülen Sie den Kasten mit kochend heißem Wasser ohne Reinigungsmittel aus. Kontrollieren Sie auch den Zustand des Nistkastens und die Befestigung, denn er muss mindestens bis zur nächsten Reinigung, also etwa ein Jahr lang, stabil und sicher sein.

Grundmodelle

Aus den hier beschriebenen vier Grundmodellen leiten sich alle nachfolgenden Nistkästen ab.

Der Aufbau bleibt fast immer gleich, nur die Gestaltung verändert sich. Ausnahmen wie z. B. ein größerer Dachvorsprung oder der Schlossturm werden bei den entsprechenden Nistkästen extra beschrieben und lassen sich auch aus den jeweiligen Zeichnungen ersehen. Der Hackschutz um das Einflugloch ist aus Acrylglas, er kann, muss aber nicht angebracht werden. Dekorative Teile wie Dachziegel, Firstleisten, Giebelbretter usw. werden nicht nur genagelt oder geschraubt, sondern auch geleimt. Es ist von Vorteil, die Dekorteile vor dem Anbringen zu bemalen.

Nach dem Zuschneiden der einzelnen Teile bohren Sie in die Vorderwand das Einflugloch und in den Boden zwei Öffnungen (Durchmesser 6 mm) für den Wasserablauf, falls einmal Feuchtigkeit eindringen sollte. Da nur gehobelte Bretter verwendet werden, muss die Innenseite der Vorderwand »aufgeraut« werden, um den Jungvögeln das Hinausklettern zu erleichtern. Dazu kann man mit einem Stemmeisen Kerben einschneiden oder im Abstand von etwa 10 mm kleine Leisten anbringen, ähnlich wie bei einer Leiter. So weit sind die Vorarbeiten für alle Nistkästen gleich.

VORDERANSICHT

200

45°

60□

180

SEITENANSICHT - SCHNITT

210

340

220

240

DRAUFSICHT OHNE DACH

144□

WASSERABLAUF

18

TÜRBEFESTIGUNG

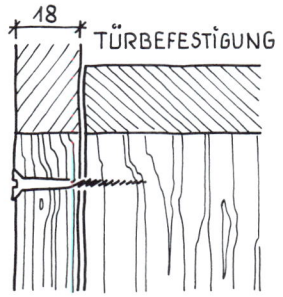

Viereckkasten mit Satteldach

Viereckkasten mit Pultdach

Rückwand, Boden, Seitenwände und Dach werden zusammengesetzt. Die Vorderwand sägen Sie unten in der Mitte etwa 10 mm für den Schließhaken ein. Schrauben Sie die Scharniere zuerst an der Oberseite der Vorderwand, dann am Dach fest.

Viereckkasten mit Pultdach

Viereckkasten mit Satteldach

Nach den Vorarbeiten werden Vorder- und Hinterwand, linke Seitenwand und Boden miteinander verleimt und verschraubt. Die rechte Seitenwand wird mit zwei Schrauben zwischen der Vorder- und Rückwand beweglich angebracht. Sie wird am unteren Ende etwa 10 mm tief ausgesägt, um den Schließhaken eindrehen zu können. Das am First auf 45 Grad Gehrung geschnittene Dach kann jetzt aufgeschraubt und verleimt werden.

VORDERANSICHT

210

60□

180

DRAUFSICHT OHNE DACH

144□

WASSERABLAUF

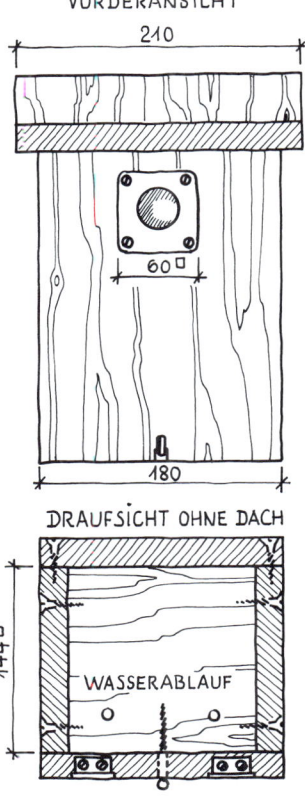

SEITENANSICHT - SCHNITT

225

240

268

18

TÜRBEFESTIGUNG

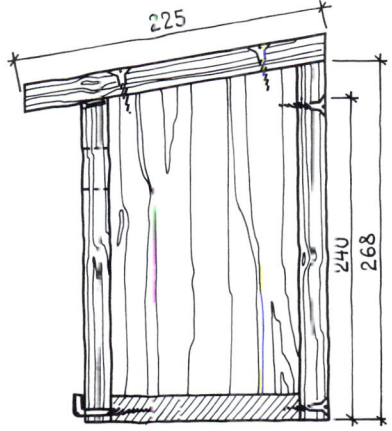
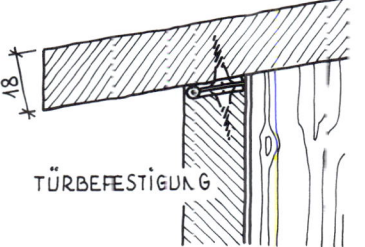

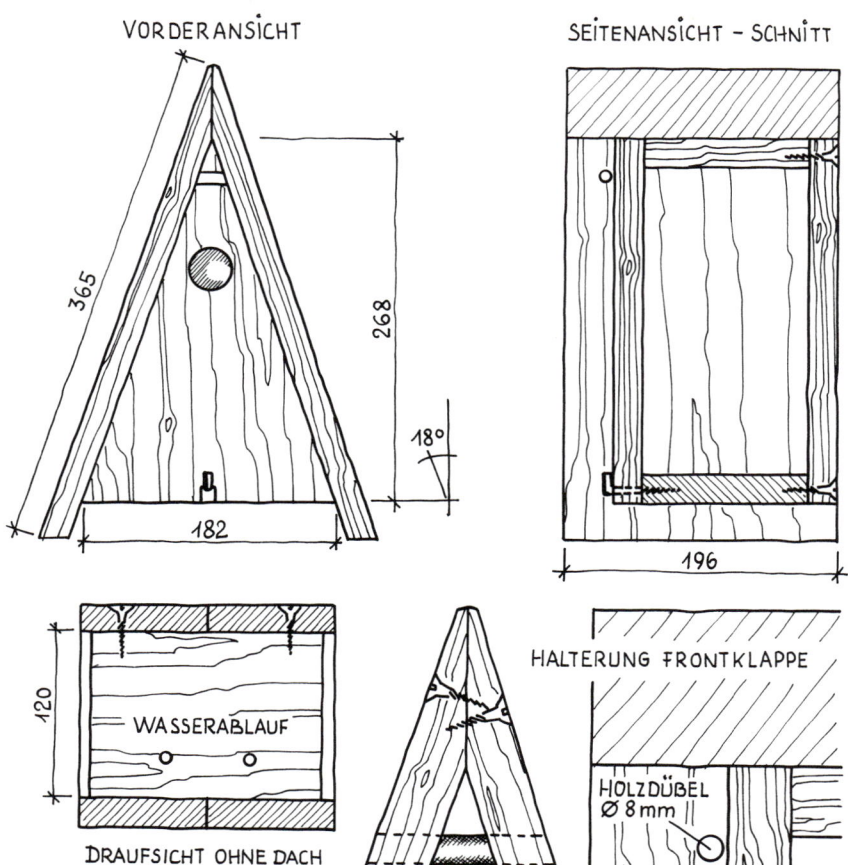

VORDERANSICHT

365

268

18°

182

SEITENANSICHT – SCHNITT

196

120

WASSERABLAUF

DRAUFSICHT OHNE DACH

HALTERUNG FRONTKLAPPE

HOLZDÜBEL
Ø 8 mm

Dreieckkasten

Zuerst werden Boden und Rückwand verschraubt. An der Spitze der Rückwand schrauben Sie die Anschlagleiste der Vorderwand an. Schrägen Sie die beiden Dachseiten ab, wie auf der Zeichnung dargestellt. Dann schrauben Sie das Dach an Boden und Rückwand. Die Vorderwand kann jetzt eingesetzt werden. Sie wird von einem quer durch die Giebelspitze verlaufenden Holzdübel sowie dem Schließhaken gehalten.

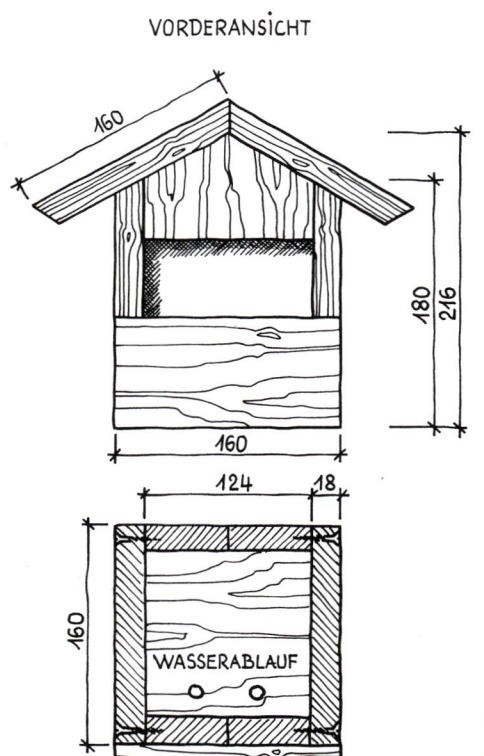

VORDERANSICHT

160

180

216

160

124   18

160

WASSERABLAUF

DRAUFSICHT OHNE DACH

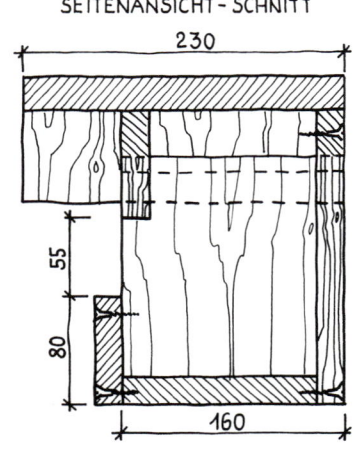

SEITENANSICHT – SCHNITT

230

55

80

160

Offener Nistkasten

Sind alle Teile zugesägt, können sie zusammengebaut werden, wie in der Zeichnung dargestellt. Beginnen Sie mit dem Anbringen der beiden Seitenteile am Boden. Dann passen Sie die Rückwand sowie die obere Vorderwand ein. Die untere Vorderwand wird außen angebracht. Zuletzt wird das Dach aufgeleimt und verschraubt.

Die vier beschriebenen Grundmodelle können Sie ohne weitere dekorative Ausschmückungen sofort aufhängen. Selbst auf einen Schutzanstrich können Sie verzichten und die Häuschen natürlich vergrauen lassen. Allerdings ist dann die Haltbarkeit eingeschränkt.

Die Nistkästen können auch ohne dekorative Ausschmückungen aufgehängt werden, im Garten ebenso wie im Wald.

Bauanleitungen

Apfelbaumhaus

Rot und frisch leuchten die Äpfel das ganze Jahr, auch im Winter, durch die Äste.

Bauen Sie das Grundmodell des Nistkastens (Viereckkasten mit Satteldach, S. 17). Die dekorativen Arbeiten beginnen Sie mit dem Zuschnitt der Dachziegel aus 3 mm dickem Sperrholz. Auf die Dachfläche zeichnen Sie Hilfslinien im Abstand von 35 mm, dann nageln Sie die Dachziegel auf. Die beiden Firstbretter werden zugesägt und angebracht, ebenso die Giebelleisten. Aus 6 mm dickem Sperrholz sägen Sie 5 Äpfel und 15 Blätter aus, nachdem Sie die Vorlagen auf das Sperrholz

Schwedisches Ferienhaus

An einem schönen See in weiten einsamen Wäldern gelegen: ein Paradies für Vögel.

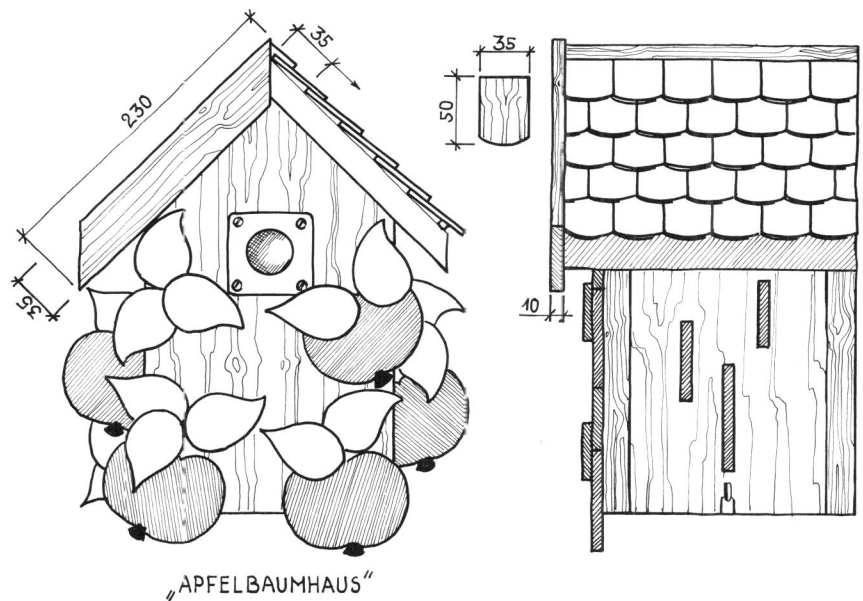

„APFELBAUMHAUS"

Um den typischen Charakter dieses schwedischen Ferien-häuschens darzustellen, haben Sie zwei Möglichkeiten. Wenn Sie eine Tischkreissäge besitzen, können Sie die Zwischenräume zwischen den »Brettern« etwa 3 mm tief einsägen. Andern-falls leimen Sie Rechteckleisten

übertragen haben (siehe Ab-schnitt »Arbeitstechniken«, S. 12). Die seitlich am Nistkasten angebrachten Blätter und Äpfel werden auf einer Seite begra-digt. Um sie stabil zu befestigen, wird ein Rundstab von 3 mm Durchmesser als Dübel verwen-det. Äpfel und Blätter werden bemalt und angeleimt.

Vorlage; Kopiereinstellung 220%

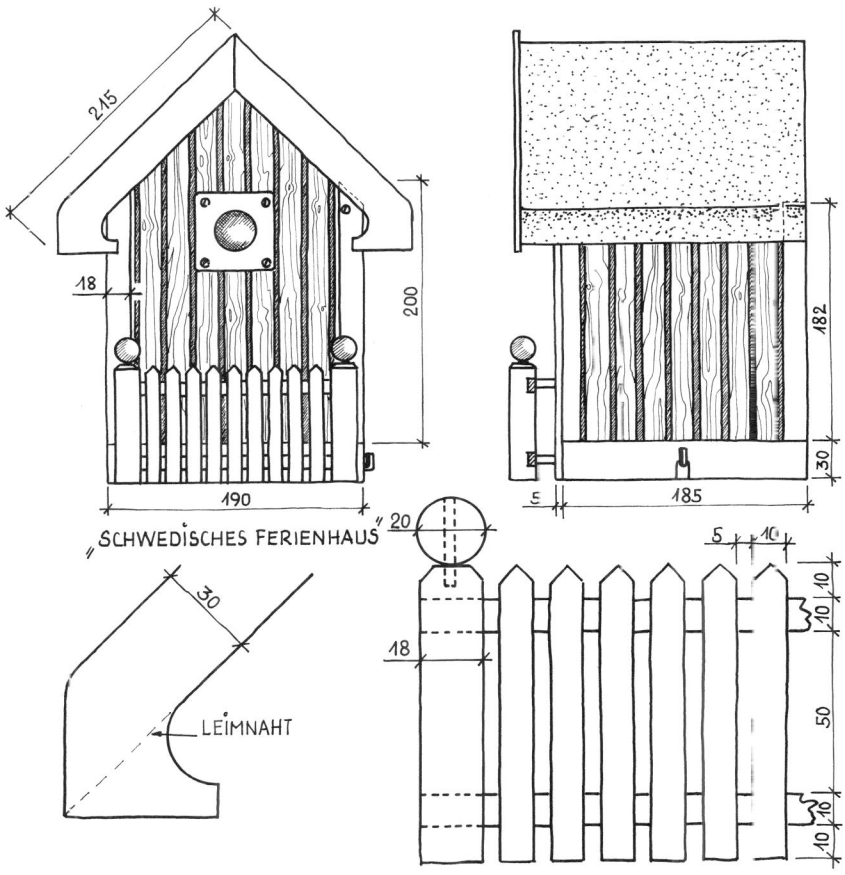

„SCHWEDISCHES FERIENHAUS"

mit einem Querschnitt von 3 x 18 mm auf. So entsteht der gleiche Effekt. Anschließend wird das Haus gestrichen. Fahren Sie fort, indem Sie die weißen Eck-, Boden- und Giebelleisten anbringen. Während der Leim trocknet, bauen Sie den Zaun nach Maßgabe der Zeichnung. Die beiden Querhölzer werden in die Zaunpfosten eingelassen, darauf setzen Sie die Zaunlatten. Mit 6 mm dicken Rundstäben als Dübel stecken Sie die Kugeln auf die Pfosten. Am Haus wird der Zaun im Abstand von 20 mm mit 4 Dübeln befestigt. Zum Schluss wird das Dach mit Dachpappe eingedeckt. Wer würde hier nicht gerne Ferien machen!

Fachwerkhäuschen

Zwischen Efeuranken oder wildem Wein an der Stadtmauer ein romantischer Platz für die Vogelhochzeit.

Das Grundmodell wird mit einem 240 mm breiten Dach gebaut. So entsteht der benötigte Dachüberstand von 60 mm. Vor dem Anbringen der Fachwerkkonstruktion streichen Sie das Haus an. Schneiden Sie die Leisten (Querschnitt 5 x 18 mm) mit etwas Übermaß zu. Genaue

Maßangaben sind nicht möglich, weil schon geringe Abweichungen vom Grundmodell die Maße verändern. Befestigen Sie zuerst die unteren Vorder- und Seitenleisten, dann die »dachtragenden« Balken. Anschließend passen Sie die übrigen Leisten ein. Die Giebelbretter

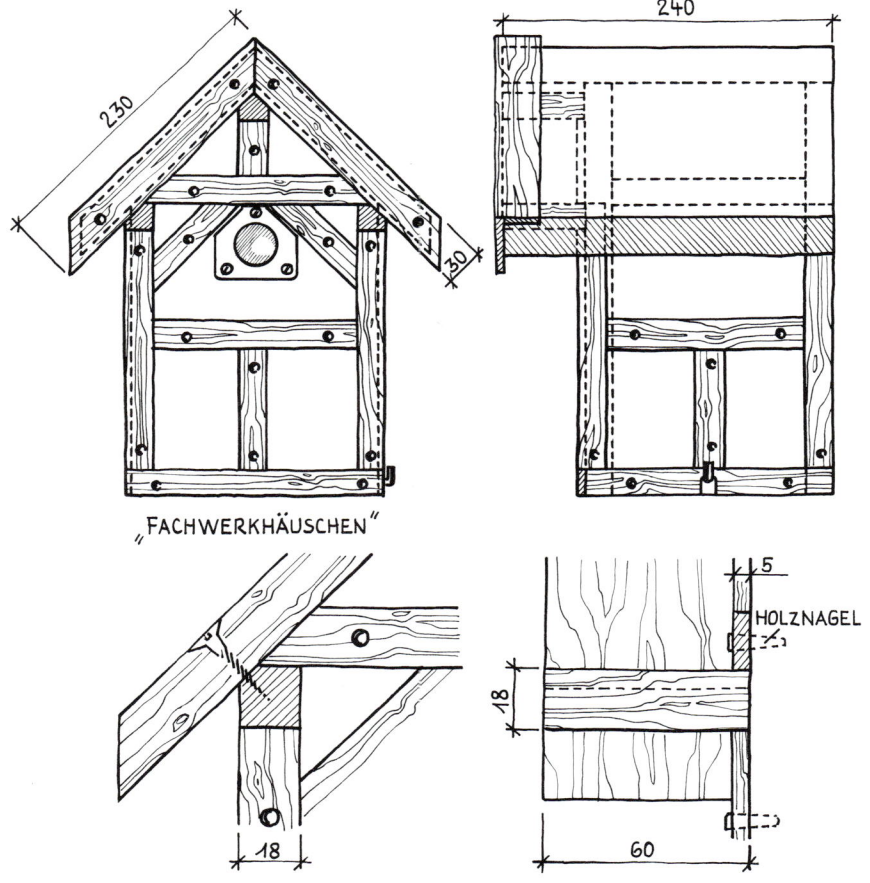

„FACHWERKHÄUSCHEN"

230   240   5   HOLZNAGEL   18   18   60

Wolkenhaus

Im Wolkenhaus muss die Freiheit wohl grenzenlos sein, wenn noch dazu die Sonne so wunderbar scheint.

Bauen Sie den Viereckkasten mit Pultdach entsprechend der Zeichnung. Die Vorlagen für die Wolken und die Sonne übertragen Sie auf 6 mm dickes Sperrholz. Nach dem Aussägen werden die Teile gestrichen. Anschließend leimen Sie die kleinen auf die großen Wolken und die Sonnenscheibe auf den Strahlenkranz. Sonne und Wol-

werden erst angebracht, nachdem das Dach gedeckt ist. Alle Leisten können mit kleinen Nägeln befestigt werden, aber auch mit Holznägeln, wie auf der Zeichnung dargestellt. Am rechten Platz aufgehängt, findet bestimmt bald die Vogelhochzeit statt.

„WOLKENHAUS"

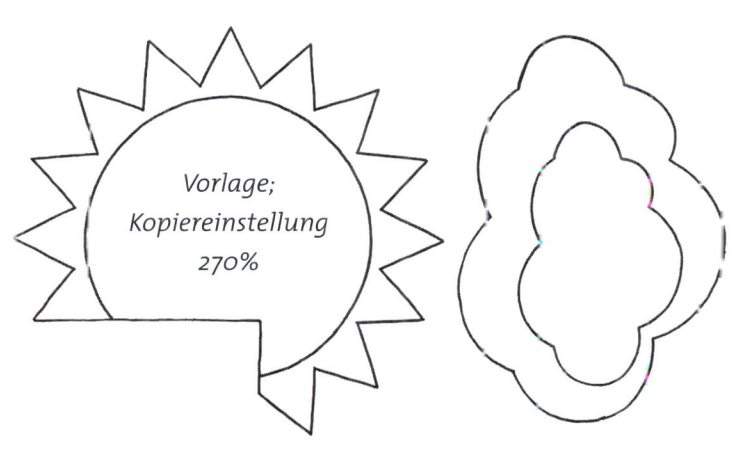

ken werden mit Dübeln am Haus befestigt (siehe auch Apfelbaumhaus, S. 20). Zwei große Wolken, aus Massivholz gesägt, können als Aufhänger auf der Rückseite angeschraubt werden. Jetzt kann es auch mal kräftig regnen, am Wolkenhaus scheint immer die Sonne.

Vorlage; Kopiereinstellung 270%

Japanisches Torii

Ein Torii ist das Tor vor japanischen Schintoheiligtümern und bedeutet »Ruhestätte der Vögel« – eine sehr zutreffende Bezeichnung für den Nistkasten. Das Schriftzeichen bedeutet »Glück, Segen, Wohlstand«.

Der Nistkasten wird nach der Vorgabe des Grundmodells (Viereckkasten mit Pultdach, S. 17) gebaut, dabei sollten Sie den Dachausschnitt für das Torii bereits berücksichtigen. Sägen Sie die vier Holzklötzchen zu, welche die Säulen oben und unten abschließen, ebenso die beiden 35 mm dicken Rundstäbe für die Säulen. Für den unteren Querbalken sägen Sie die Säulen am oberen Ende 20 mm tief und 18 mm breit ein. Das dazwischen liegende Holz wird

Glück, Segen, Wohlstand

Vorlage; Kopiereinstellung 210%

durch mehrmaliges Einsägen entfernt, dann passen Sie den unteren Querbalken ein. Alle Teile werden gemäß der Konstruktionszeichnung verschraubt. Stellen Sie dabei den Nistkasten zwischen die Säulen, damit die Abstände stimmen. Der obere Querbalken, eine Dreikantleiste, wird zuletzt aufgeleimt. Erst nach dem Streichen wird das Torii mit dem Haus fest verschraubt. Das Schriftzeichen übertragen Sie auf die Vorderwand und malen sie aus. Nun kann das Glück ins Haus flattern.

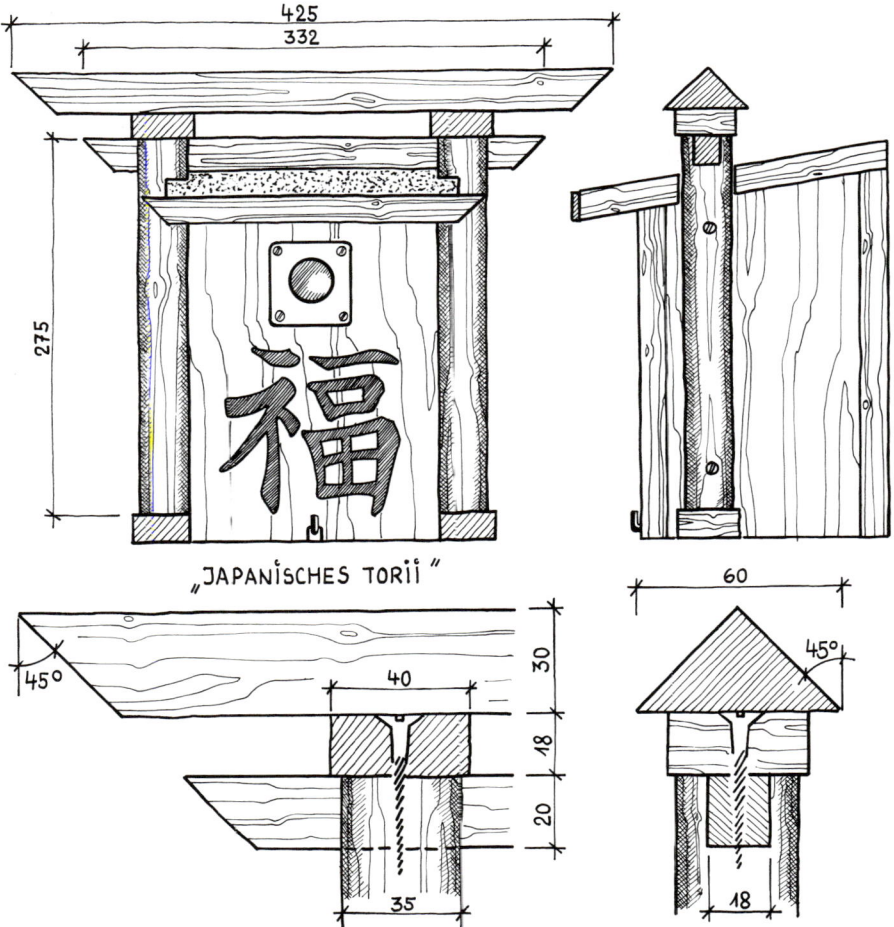

„JAPANISCHES TORII"

Kirschenhäuschen

Vorsicht, die Kirschen aus Nachbars Garten schmecken am besten. Deshalb sollten Sie den Nistkasten hoch hängen.

Schneiden Sie die Teile des Grundmodells (Dreieckkasten, S. 18) zu und bauen Sie den Kasten zusammen. Aus der Vorderseite werden zwei Teile gesägt und, wie aus der Zeichnung zu ersehen ist, am Bodenbrett und im Giebel befestigt. Die Giebelleisten werden am unteren Ende abgerundet, an der Giebelspitze auf Gehrung

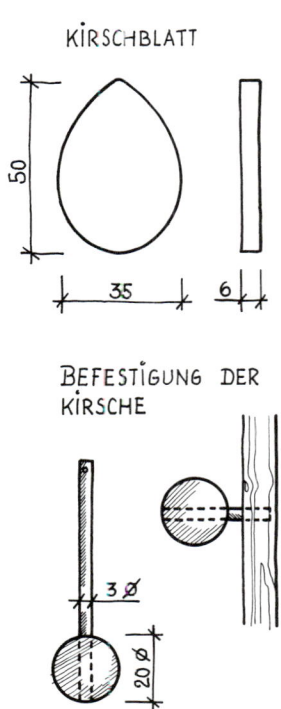

KIRSCHBLATT

50   35   6

BEFESTIGUNG DER KIRSCHE

3 Ø   20 Ø

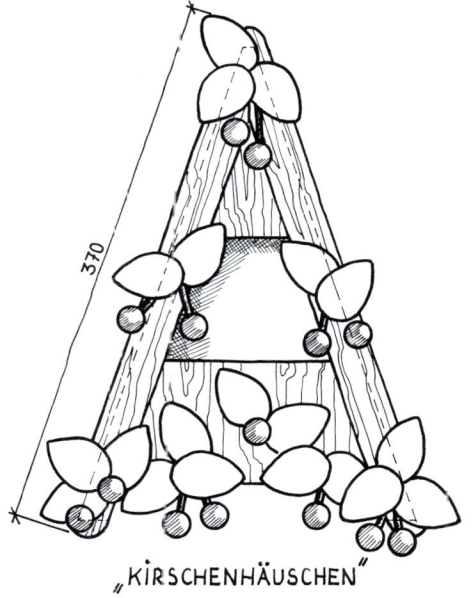

„KIRSCHENHÄUSCHEN"

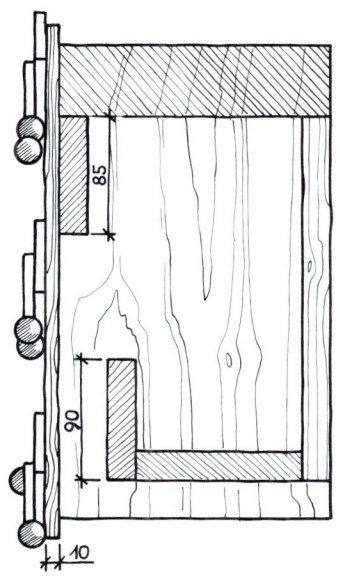

Kgl. Bayerischer Nistkasten

Der Kasten gefällt nicht nur bayerischen Vögeln – und er muss nicht unbedingt in Bayern hängen, sondern kann auch im hohen Norden an den letzten Bayern-Urlaub erinnern.

gesägt und angenagelt. Die Rundung am Giebel wird nachträglich gefeilt. Dachpappe schützt das Holz vor Regen. Die Blätter werden aus 6 mm dickem Sperrholz ausgesägt und von beiden Seiten gestrichen. Für die Kirschen kaufen Sie Holzkugeln mit 20 mm Durchmesser im Bastelgeschäft, in die Bohrlöcher leimen Sie Rundstäbe ein (3 mm Durchmesser, 70 mm lang). Je nach der Position der Kirschen wird der Stiel gekürzt. Leimen Sie die Blätter und die Kirschen auf. Sie werden mit einem kleinen Nagel durch den Stiel am Häuschen befestigt. Für Kirschen ohne sichtbaren Stiel bohren Sie ein Loch mit 3 mm Durchmesser, in das Sie den Rundstab einleimen. Das ganze Jahr hindurch ist jetzt Kirschensaison.

Vorlage; Kopiereinstellung 220%

Bauen Sie das Grundmodell (Dreieckkasten, S. 18). Die vorbereitete Giebelleiste wird weiß gestrichen und mit kleinen Nägeln befestigt. Dekorativ wirken Holznägel (aus Rundstab, Durchmesser 5 mm), die auf die Leisten geleimt werden. Für die Dacheindeckung brauchen Sie

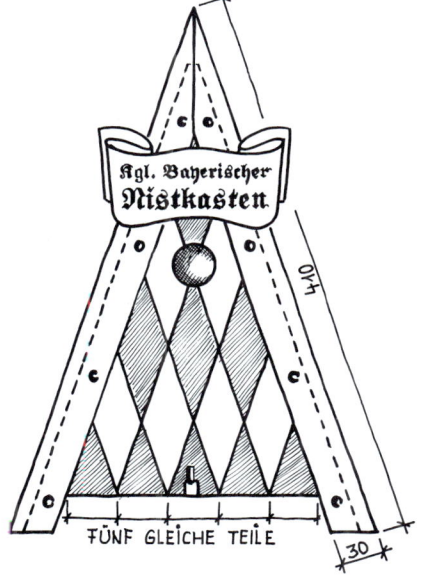

FÜNF GLEICHE TEILE

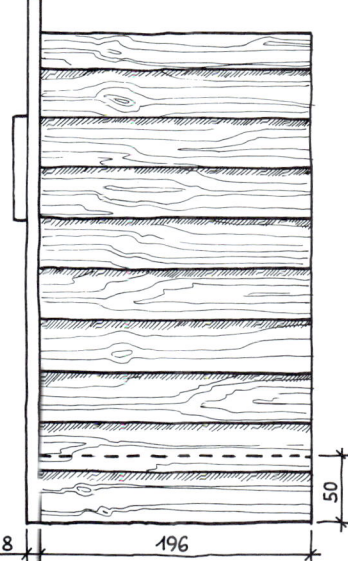

50 mm breite und etwa 5 mm dicke Leisten, die, von unten beginnend, mit jeweils 10 mm Überlappung bis zum First gelegt werden. Die Vorderseite erhält bayerische Rauten in Weiß und Blau. Dazu streichen Sie zuerst die ganze Klappe weiß, dann wird die Fläche in Rauten unterteilt und die entsprechenden Felder werden blau ausgemalt. Das Schild »Kgl. Bayerischer Nistkasten« wird auf 6 mm dickes Sperrholz übertragen, ausgesägt, gestrichen und beschriftet. Mit solch einem Nistkasten im Garten darf sogar ein Preuße Lederhosen tragen.

Köhlerhütte

Die kleine Hütte passt sich harmonisch in Naturgärten ein. Zwischen Tannen und Fichten ist sie nur schwer zu erkennen.

Sie bauen den Dreieckkasten und beizen ihn dunkel, z. B im Farbton Nussbaum. Bei einem Waldspaziergang sehen Sie sich nach Rindenstücken um, die beim Schälen gefällter Baumstämme anfallen. Die beste Zeit dafür ist das zeitige Frühjahr. Möglichst flache Stücke legen Sie wie Dachziegel von unten nach oben übereinander. Sie werden aufgeleimt und zusätzlich mit kleinen Nägeln befestigt. Auch den First und die Giebelspitze belegen Sie mit Rindenstücken. Ein Bewohner findet sich in der Köhlerhütte sicher bald ein, vielleicht eine Haselmaus zum Winterschlaf.

Mit Rindenstücken von Kiefer, Fichte oder Tanne wird das Dach der Köhlerhütte gedeckt.

Schrebergartenvilla

Vielleicht zieht in diese Villa eine adelige Familie ein, etwa die Zaunkönige. Wer hätte nicht gerne königliche Nachbarn im Garten!

Bauen Sie einen offenen Viereckkasten, wobei im Unterschied zum Grundmodell (S. 18) die obere Vorderwand breiter ist und außen angebracht wird. Übertragen Sie die Form aus der Zeichnung und sägen Sie sie aus. Streichen sie den Nistkasten außer dem unteren Teil der Vorderseite an. Auf das untere vordere Querbrett werden die vorher gestrichenen Zaunlatten nebeneinander geleimt. Das Türmchen sägen Sie aus einem Stück Massivholz. Das Dach hat eine Neigung von 30 Grad, das

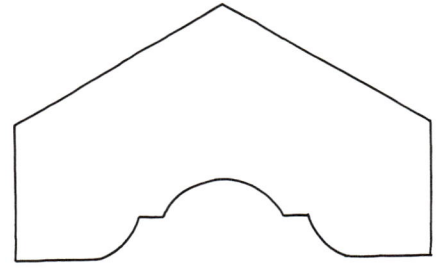

Vorlage; Kopiereinstellung 290%

Loch in der Turmmitte einen Durchmesser von 30 mm. Die Turmecken werden durch einen Einschnitt mit der Tischkreissäge abgesetzt. Die gleiche Wirkung kann man aber auch nur mit Farbe erzielen. Nach dem Aufleimen des Türmchens setzen Sie das Dach auf. Schneiden Sie die Giebelleisten nach der Zeichnung zu. Zur Herstellung des Musters spannen Sie jeweils zwei Leisten mit Schraubzwingen gegeneinander. Im Abstand von 15 mm bohren Sie genau auf der Mittellinie 10 mm große Löcher. Auf diese Weise entstehen die halbrunden Ausschnitte. Nach dem Streichen werden die Giebelleisten mit kleinen Nägeln befestigt. Das Dach wird schließlich mit Dachpappe gedeckt. Familie Zaunkönig kann einziehen, und bald werden Prinzessinnen und Prinzen nach Futter schreien.

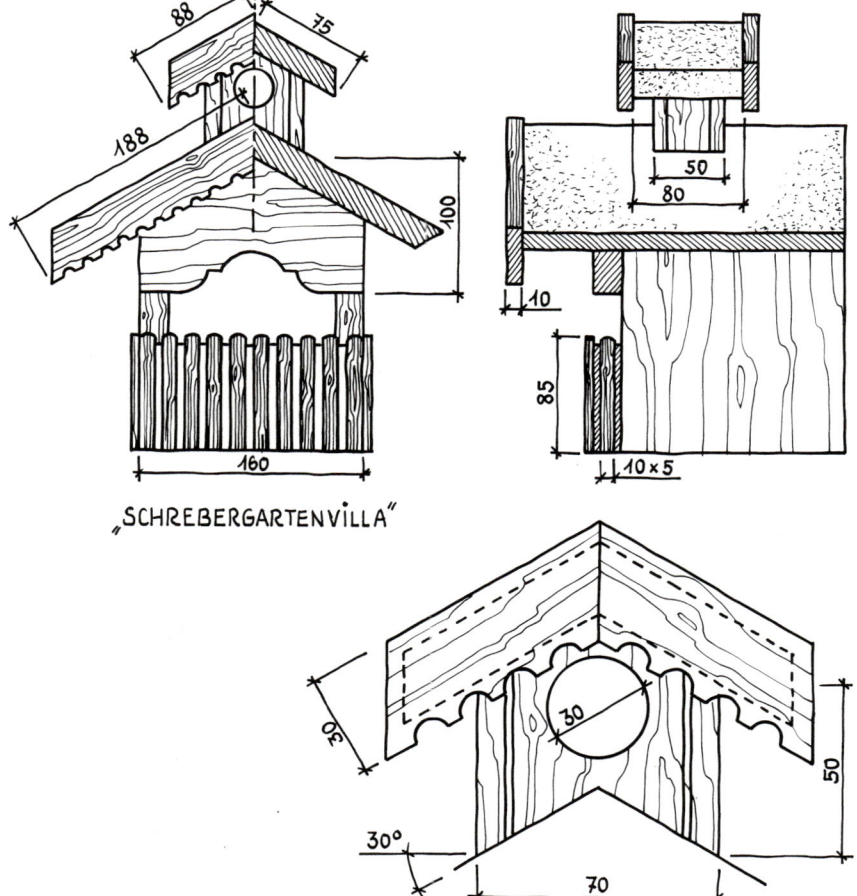

„SCHREBERGARTENVILLA"

Schwarzwaldhaus

Ein besonderer Blickpunkt im Garten, der die Aufmerksamkeit der Gäste auf sich ziehen wird. Die Mühe lohnt sich.

Bauen Sie einen offenen Nistkasten. Die vordere Dachschräge wird erst gesägt, wenn das Dach fest am Haus montiert ist. Messen Sie von der vorderen Firstkante 60 mm zurück und auf beiden Dachseiten von der vorderen unteren Ecke 30 mm

in Richtung Dachfirst. Verbinden Sie die Markierungspunkte mit einer Bleistiftlinie auf beiden Dachseiten und an der Giebelseite. Entlang dieser Linien sägen Sie nun die vordere Firstspitze ab, am besten mit einem Fuchsschwanz oder einer Fein-

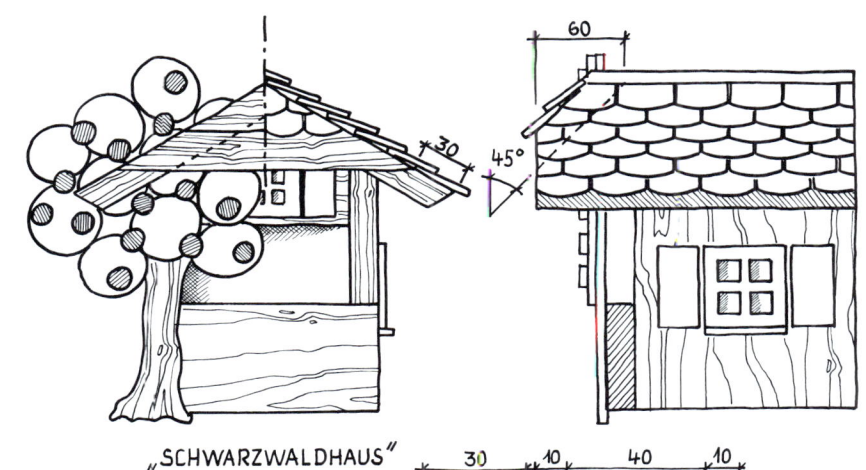

stellung der Dachschindeln ist im Abschnitt »Arbeitstechniken« (S. 10) beschrieben. Das Dach wird mit einer graubraunen Beize eingelassen. Jetzt dürfen Sie mit Recht stolz sein auf dieses hübsche Schwarzwaldhäuschen.

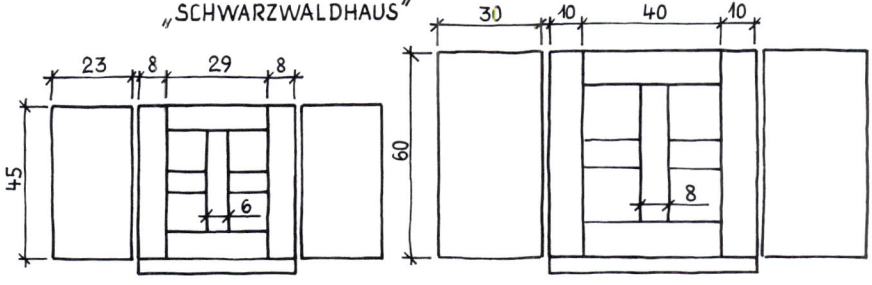

„SCHWARZWALDHAUS"

Vorlage; Kopiereinstellung 210%

säge. Setzen Sie die Säge oben am First schräg an und sägen Sie langsam nach unten. Achten Sie darauf, dass Sie die Schräglage beibehalten. Das jetzt fehlende Dachteil wird durch ein Brett ersetzt, das eingepasst werden muss. Dafür kann auch 6 mm dickes Sperrholz verwendet werden, das leichter anzupassen ist als 18 mm dickes Leimholz. Ist das Häuschen soweit fertig, wird es gebeizt. Die Fenster und Fensterläden bauen Sie nach den Maßangaben in der Zeichnung. Die Teile werden stumpf verleimt, gestrichen und an das Häuschen genagelt. Beim Baum sind der Phantasie keine Grenzen gesetzt. Die Zeichen-

vorlage soll nur als Anregung dienen und die maximale Größe und den Ausschnitt zum Einstecken in das Dach vorgeben. Zeichnen Sie zuerst den Umriss auf eine Sperrholzplatte, anschließend leimen Sie unterschiedlich große Scheiben auf. Sägen Sie den Baum mit dem Dachausschnitt aus. Nach dem Bemalen der Scheiben werden die bemalten Apfelscheiben (Durchmesser 15 mm) aufgeleimt und der Baum wird am Häuschen befestigt. Zuletzt decken Sie das Dach mit Schindeln und befestigen die Firstleisten. Die Her-

DACHAUSSCHNITT

Villa Sonnenblume

*Die Villa hängt im Apfel-
baum, und wenn im Win-
ter Familie Rotkehlchen
im Süden wohnt, zieht
vielleicht der Siebenschläfer ein und schläft und
schläft und schläft ...*

Bauen Sie den offen Nistkasten
nach dem Grundmodell. Als
Pfosten bringen Sie zwei Vier-
kantleisten an (Querschnitt 18 x
18 mm). Nageln Sie die Giebelleiste fest. Jetzt wird das Häuschen gestrichen, wobei Giebel
und Pfosten farblich abgesetzt
werden können. Während das
Haus trocknet, können Sie den
Kamin zusägen, verleimen und
streichen. Er wird etwa 15 mm
unter dem First angeleimt. Bereiten Sie die Dachplatten aus
Sperrholz vor und beizen oder
streichen Sie diese ebenfalls.
Von unten beginnend, werden
sie in vier Reihen aufgeleimt
und angenagelt. Zum Schluss
befestigen Sie die Firstleiste. Für
die Sonnenblume wird 4 mm

Vorlage; Kopiereinstellung 210%

dickes Sperrholz verwendet, nur
der Blütenkorb ist eine 6-8 mm
dicke Scheibe. Übertragen Sie
Blütenblätter und Blätter auf
das Sperrholz. Sie werden ausgesägt und bemalt. Auf eine
Scheibe mit 45 mm Durchmesser wird der Blütenkorb (35 mm
Durchmesser) geleimt, um diesen herum die Blütenblätter. Ist
alles bemalt und trocken, leimen Sie es direkt auf die beiden
Pfosten am Haus. Schlüsselfer-
tig kann die Villa Sonnenblume
jetzt der Vogelfamilie übergeben
werden.

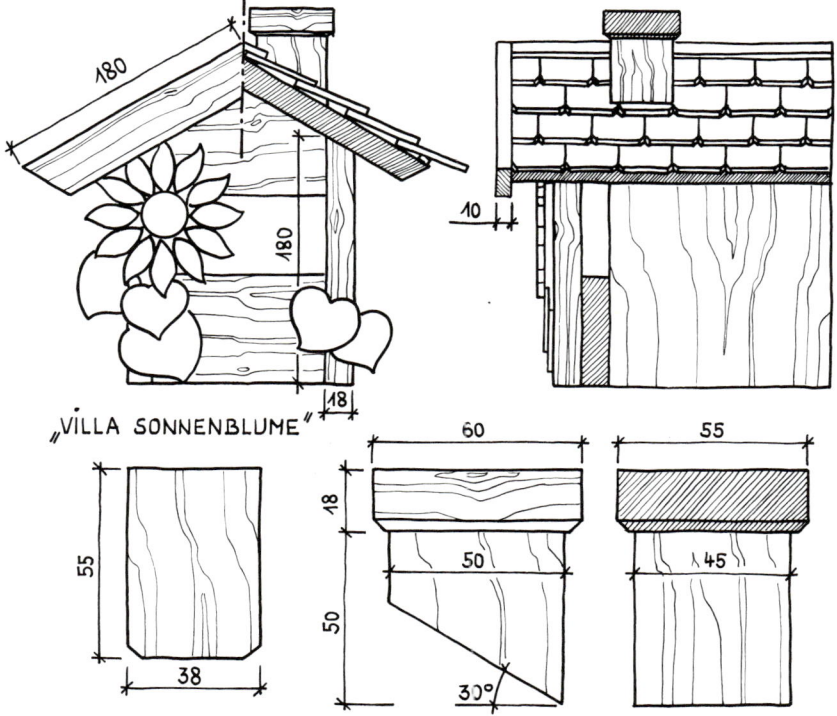

„VILLA SONNENBLUME"

Schlossturm

Der Turm ist bestimmt ein angemessenes Zuhause für den Star. Sitzt er dann auf den Zinnen und singt sein Lied, lässt die Starin sich nicht lange bitten und zieht ein.

Zuerst werden mit einer Handkreissäge oder einer Stichsäge die Leisten für den Turm zugeschnitten. Sie spannen dafür die Leimholzplatte mit zwei Schraubzwingen sicher an Ihrem Arbeitstisch fest. Stellen Sie den angegebenen Winkel ein und sägen Sie 16 Leisten ab. Mit der gleichen Einstellung der Maschine sägen Sie auch die breiteren Leisten für die Zinnen, die später gebraucht werden. Das Verleimen der Turmleisten zu einer Röhre ist im Abschnitt »Arbeitstechniken« (S. 10) beschrieben. Denken Sie daran, dass an zwei Stellen (siehe Zeichnung) kein Leim aufgetragen werden darf, damit der Nistkasten später geöffnet werden kann. Ist der Leim ge-

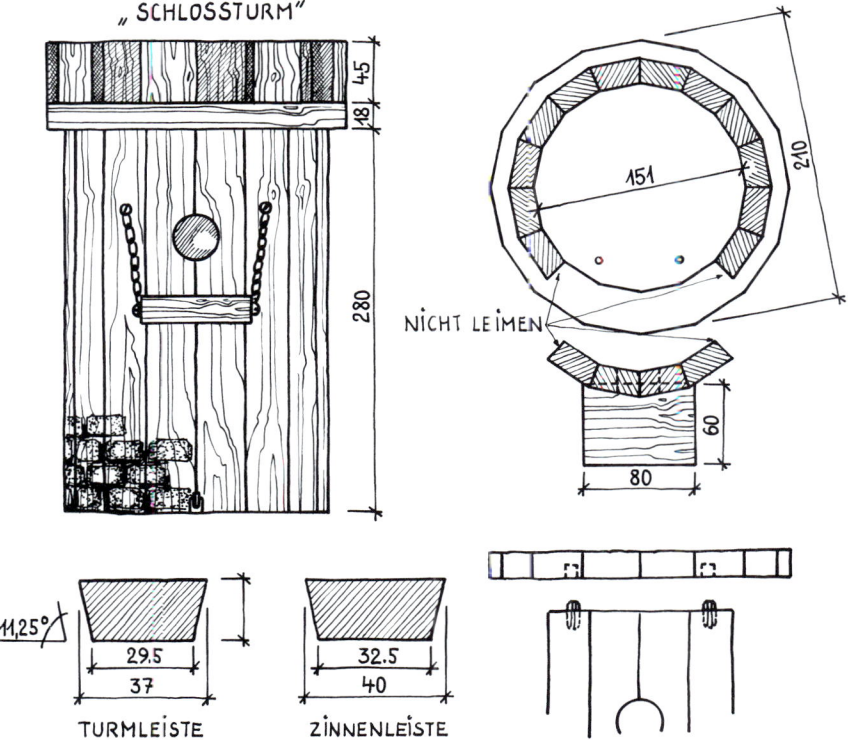

„SCHLOSSTURM"

45

18

280

NICHT LEIMEN

151

210

60

80

11,25°

29.5

37

TURMLEISTE

32.5

40

ZINNENLEISTE

schnitten und aufgeleimt. Nun kann der Schlossturm grau gestrichen werden. Die Turmfenster werden aufgezeichnet und schwarz ausgemalt. Das Steinmuster tragen Sie mit einem Schaumstoffstempel auf. Dazu schneiden Sie aus einem festen Schwamm (z. B. Topfreiniger) die gewünschte Form, verteilen etwas Farbe auf einer Plastikfolie, tauchen darin den Stempel ein und drücken das Steinmuster auf die Turmwände. Testen Sie diese Technik zuerst auf einem Stück Papier, denn unterschiedlicher Druck und Farbmenge ergeben verschiedene Muster. Jetzt kann noch Weinlaub oder Efeu fantasievoll aufgemalt oder ebenfalls aufgestempelt werden und das königliche Eigenheim ist fertig. Der Nachwuchs wird nicht lange auf sich warten lassen.

trocknet, wird der Boden und das Dach vorbereitet. Setzen Sie die Röhre auf eine Holzplatte, markieren Sie mit Bleistift den Innenboden und sägen Sie diesen aus. Für das Dach geben Sie allseitig 30 mm zu. Boden und Dach werden verleimt und verschraubt. Für die Befestigung der Klappe setzen Sie zwei Dübel ein, die in eine Gegenbohrung auf der Dachunterseite eingreifen. Die Klappe sägen Sie an der Unterkante 10 mm tief mittig ein für den Hakenverschluss. Für die Zugbrücke wird eine Aussparung in die Tür gesägt, in die Sie das Brettchen festleimen. Die beiden Ketten sind nur Dekoration. Über dem Brettchen

bohren Sie das Einflugloch. Aus den vorher gesägten Leisten werden die Turmzinnen ge-

Die beiden Dübel zum Einsetzen der Verschlussklappe sind am oberen Ende zu sehen. Beim Verleimen des Turms darf kein Leim zwischen Korpus und Klappe gegeben werden.

Baumhöhle

Dies ist die Urform eines Nistkastens für Höhlenbrüter. In der Natur meist von Spechten vorbereitet, wird eine Baumhöhle von einer Vielzahl von Vögeln bewohnt.

Die Rückwand wird an Boden und Dach festgeschraubt. Die Tür wird mit Scharnieren befestigt und mit einem Haken verschlossen.

Für einen solchen Nistkasten benötigen Sie einen Stamm von mindestens 16 cm Durchmesser. Mit etwas Glück finden Sie bei Baumfällarbeiten ein hohles Stammstück. Es erleichtert die Arbeit, wenn der Stamm innen verfault oder hohl ist. Sägen Sie den Stamm in Längsrichtung in zwei Hälften und entfernen Sie das überflüssige Holz mit einem Stemmeisen bis zu einer Wandstärke von etwa 20 mm. Mit einer Motorsäge lässt sich der

Stamm ganz leicht und schnell aushöhlen. Achten Sie dabei aber auf die Arbeitssicherheit. Binden Sie beide Hälften mit Draht zusammen und stellen Sie sie auf das Bodenbrett. Der Boden wird angezeichnet und ausgeschnitten. Auch die Dachschräge wird gesägt, solange die beiden Teile noch zusammengebunden sind. Dann kann der Draht entfernt werden. Der Boden und das Dach werden am hinteren Teil angeschraubt. In das Vorderteil bohren Sie das Einflugloch, auf der linken Seite schrauben Sie zwei Scharniere an und rechts einen Hakenverschluss. Vorn können Sie noch einen Ast als Sitzstange anbringen und das Dach mit Dachpappe oder Rindenstücken eindecken. Die Baumhöhle fügt sich besonders gut in naturnahe Landschaftsgärten ein.

Futterhäuschen

Der geeignete Platz

Vögel haben nicht nur Freunde in der Natur. Deshalb ist es besonders wichtig, einen Platz zu finden, der ihnen beim Füttern den besten Schutz vor ihren Feinden bietet. Sie müssen immer eine Rundumsicht haben, um jede Gefahr, die möglicherweise von Katzen droht, rechtzeitig erkennen zu können. Steht ein Baum im Garten, so kann man das Futterhaus an einen Ast hängen. Der Abstand zum Boden sollte wie auch bei den auf Pfosten angebrachten Futterhäuschen mindestens 120 cm betragen. Wollen Sie Ihre gefiederten Freunde ganz aus der Nähe beobachten, stellen Sie das Haus auf die äußere Fensterbank. Dauergäste werden hier die Blaumeisen sein, die bei geöffnetem Fenster vor lauter Neugierde auch mal in das Zimmer hüpfen.

Aufstellung des Futterhäuschens

Wenn Sie einen geeigneten Platz für das Futterhäuschen gefunden haben, müssen Sie es stabil und sicher befestigen. Bei einem Sturm darf es nicht gleich zu Boden gehen. Soll es nicht am Fenster oder einer Hauswand, sondern frei stehend im Garten aufgestellt werden, ist eine solide Bodenbefestigung besonders wichtig. Die in Baumärkten erhältlichen Erdspieße, wie sie z. B. für Pergolen verwendet werden, sind dafür gut zu gebrauchen. Ein quadratischer Pfahl in der Größe 70 x 70 mm passt genau in die Befestigung. Schmalere Pfähle lassen sich leicht aufdoppeln.

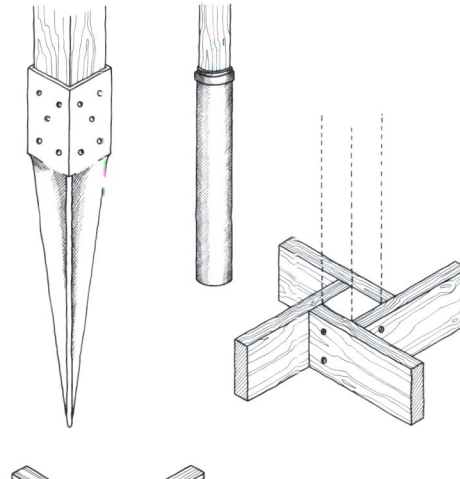

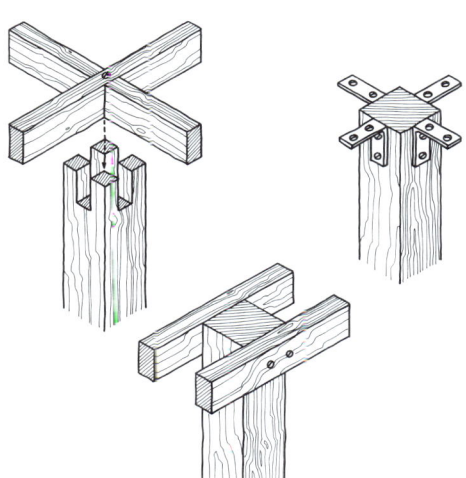

Eine preiswertere Lösung, einen Aufstellpfahl in der Erde zu verankern, ist die Verwendung eines Abflussrohres aus Kunststoff. Es ist in verschiedener Durchmessern erhältlich und kann entsprechend dem vorhandenen Pfahl gekauft werden. Runde, aber auch quadratische Hölzer lassen sich gut einpassen. Sind Sie sich noch nicht sicher, welcher Futterplatz der beste ist, bauen Sie einen transportablen Ständer. Wie die Flügel einer Windmühle werden vier Bretter an den Pfahl angeschraubt (siehe Zeichnung), wobei die Bretter mindestens 400 mm lang sein sollten. Je höher der Pfahl ist, desto länger müssen die Bretter sein. Zusätzlich lässt sich der Ständer noch mit Zelthaken oder gebogenen Rundeisen im Erdboden verankern. Diese »Windmühlenbefestigung« kann am oberen Ende des Pfahls auch für die Befestigung des Futterhäuschens genutzt werden. Eine weitere Möglichkeit sind vier Metallwinkel oder seitlich angeschraubte Holzleisten (siehe Zeichnung). Aufwändiger, aber stabiler ist die Herstellung einer eingelassenen Kreuzüberblattung. Hierzu werden zwei Leisten gleicher

Länge in der Mitte bis zur halben Holzdicke eingesägt, das Holz wird zwischen den Schnitten entfernt und die Teile werden ineinander gepasst. Der Pfahl wird entsprechend dem Kreuz ausgesägt, dann wird das Kreuz eingesteckt und verschraubt. In den nachfolgenden Bauanleitungen finden sich weitere Anregungen zur Befestigung der Futterhäuschen.

Die rechte Zeit zum Füttern

Die Versuchung ist groß, schon im späten Herbst mit dem Ausstreuen des Futters zu beginnen. Kinder wie Erwachsene können es oft kaum erwarten. In dem Bemühen, Gutes zu tun, schadet man dann aber oft mehr, denn zu warme Temperaturen begünstigen die Ausbreitung von Krankheitserregern im Futterhaus. Erst wenn es richtig kalt und der Boden gefroren ist, kommt die Zeit zum Füttern. Wenn man mit dem Füttern begonnen hat, sollte dies regelmäßig geschehen. Werden dann die Tage im Frühjahr wieder länger und wärmer, stellt man das Füttern wieder ein, auf jeden Fall bevor die Vögel mit ihrem Brutgeschäft beginnen. Den Jungvögeln würde das Körnerfutter nicht bekommen und sie gingen jämmerlich zugrunde. So wäre der Sinn der Winterfütterung verfehlt.

Das richtige Futter

Die Futtergäste am Vogelhaus teilen sich in zwei Gruppen auf. Da finden sich zum einen die Körnerfresser, zum anderen die Weichfresser ein. Zu den Körnerfressern gehören z. B. die Meisen, der Dompfaff, die Sperlinge und der Kleiber. Weichfresser sind unter anderem Gartenrotschwanz, Rotkehlchen, Drossel, Baumläufer und Amsel.

Um die ideale Speisekarte zusammenstellen zu können, sollten Sie wissen, welche Gäste kommen. Am Anfang wird es nicht ganz einfach sein, doch nach kurzer Zeit werden Sie erkennen, welches Futter gern genommen wird und welches im Häuschen liegen bleibt. Fertig gemischtes und abgepacktes Winterstreufutter oder Wildvogelfutter bekommt man in Zoohandlungen zu kaufen. Sie können das Futter jedoch auch selbst mischen. Das hat den Vorteil, dass Sie es individuell auf die Futtergäste abstimmen können und somit keine Reste bleiben. Für Körnerfresser eignen sich die Samen von Sonnenblumen, Hanf, Hafer, Weizen, Hirse, Mohn und Lein. Zusätzlich lässt sich die Mischung noch mit den Beeren von Eberesche (Vogelbeere), Holunder, Weißdorn, Liguster, Wacholder, Hage-

Über Äpfel, die im Herbst am Baum gelassen werden, freuen sich die Vögel besonders.

butten und Mehlbeere aufwerten. Diese Beeren, ebenso Rosinen und anderes getrocknetes Obst, werden gerne von Weichfressern angenommen. Äpfel, Birnen und Obst im Allgemeinen braucht nicht immer ganz frisch zu sein, eher etwas weicher.

Weichfresser, speziell Meisen, aber auch Spechte und sogar Eichelhäher, gehen besonders gerne an fetthaltiges Futter. Man kann die im Zoohandel angebotenen Meisenknödel aufhängen oder aus der eigenen Mischung ein solches Fettfutter herstellen. Dafür kauft man beim Metzger Rinderfett (Rindertalg), schneidet es in kleine Stücke und lässt es in einem Kochtopf flüssig werden (Vorsicht, nicht zu heiß werden lassen). Der Topf wird vom Herd genommen und die Futtermischung etwa im Verhältnis 1 : 3 dem Fett zugesetzt. Durch einen Schuss Speiseöl bleibt der Brei geschmeidig und lässt sich nach dem Erkalten noch in Formen pressen, z. B. in Futterhölzer. Fettfutter kann man auch aus weißem Fett herstellen. Dies hat jedoch den Nachteil, dass es nur bei sehr kühlen Temperaturen und an schattigen Plätzen verwendet werden kann.

Was man nicht füttern darf

Eine schlechte Angewohnheit vieler Tierfreunde ist das Ausstreuen von Kuchen-, Brot- oder Essensresten. Es mag zwar gut gemeint sein, kann aber gefährlich für die Vögel sein. Aufquellende oder stark gesalzene Nahrung verursacht Verdauungsprobleme und führt oftmals zu einem qualvollen Tod der Vögel.

Sauberkeit im Futterhäuschen

Vorbeugen ist die beste Verhütung. Um zu vermeiden, dass die gefiederten Futtergäste Schaden leiden, ist Sauberkeit im Vogelhaus ebenso wichtig wie das richtige Futter. Meist wird unterschätzt, wie schnell sich Krankheiten am Futterplatz ausbreiten können. Deshalb ist es notwendig, das Futterhäuschen regelmäßig zu säubern und dabei altes Futter, Schmutz und Vogelkot zu entfernen.

Trockenobst und Beerenfrüchte, die auf einen Faden aufgefädelt werden, sind eine willkommene Abwechslung für die Vögel.

Mit selbst gesammelten Beeren kann man das Winterfutter für die Futtergäste verbessern.

Anschließend spült man es mit kochend heißem Wasser aus, verwendet dabei aber keine Reinigungsmittel. Wenn Sie kranke Vögel beobachten, die meist an aufgeplustertem Gefieder und unnatürlich langsamen Bewegungen zu erkennen sind, so reinigen Sie das Futterhaus mit einem Desinfektionsmittel aus dem Zoofachhandel. Zusätzlich legen Sie eine Fütterungspause von mehreren Tagen ein.

Bauanleitungen

Natürliche Werkstoffe zum Bau
von Futterhäuschen zu verwenden ist selbstverständlich. Die
auf den nächsten Seiten folgen-
den Futterhilfen gehen noch
einen Schritt weiter: Der Werkstoff Holz wird so verwendet,
wie er gewachsen ist, und nur
wenig bearbeitet.

Futterhäuschen für Fettfutter

Aus einem im Kern morschen Ast einer Weide entstand dieses einfache Futterhaus. Von dem Ast wurde ein etwa 15 cm langes Stück abgesägt und das faule Holz entfernt. Von unten ist ein Boden angeschraubt, oben erhielt der Ast, nachdem er im Winkel von 45 Grad zugesägt war, ein Dach aus Holzresten. Zum Aufhängen genügt eine einfache Vorrichtung, in diesem Falle ein Rundstab, der in eine Bohrung im Dach eingeleimt wird. Durch eine Bohrung im Rundstab wurde ein Lederriemen oder Seil durchgezogen und verknotet. Gefüllt mit Fettfutter ist der Tisch für die Vögel gedeckt.

Futterholz mit gebohrten Löchern

Futterhölzer

Den gleichen Zweck wie das zuvor beschriebene Futterhäuschen erfüllen Futterhölzer, und sie sind noch leichter zu bauen. Auch hier wird entweder ein hohler Ast verwendet, oder ein Ast wird mehrfach angebohrt und mit Fettfutter gefüllt. Ohne

Futterhäuschen für Fettfutter (links), Futterholz aus einem morschen Ast (rechts)

Dach hängen die Futterhölzer frei am Baum, vielleicht aber auch am Fenster, denn dort sind die Besucher besonders gut zu beobachten. Die häufigsten Gäste werden dann die quirliger Blaumeisen sein. Wenn sie etwas vom Haus entfernt aufgehängt sind, werden Futterhölzer gern von Buntspechten angenommen.

Futterkonsolen

Diese einfachen Futterhilfen baut man ebenfalls aus einem Astabschnitt. Sägen Sie einen Ast in Längsrichtung durch. So erhalten Sie Rückwände für zwei Konsolen. Am unteren Ende sägen Sie die Rückwand etwa 20-30 mm tief ein. Der Abstand der Sägeschnitte hängt ab von der Dicke des vorhandenen Brettes. Das Holz zwischen den Sägeschnitten wird entfernt. In die entstandene Nut wird das vorbereitete Brett gesteckt und von hinten angeschraubt.

*Einfache
Futterkonsole*

Futterkonsole mit Dach

Halbierte Kokosnuss

Dies ist eine fast schon klassische Futterstelle. Sie lässt sich ebenso für Fettfutter wie für Streufutter einsetzen. Sägen Sie eine Kokosnuss in der Mitte auseinander und entfernen Sie das Fruchtfleisch. Dabei sind Ihnen Ihre Kinder bestimmt gerne behilflich, und auch die Vögel freuen sich über diesen Leckerbissen. In beide Hälften werden seitlich jeweils drei einander gegenüberliegende Löcher gebohrt und eines ins Dach. Durch die Löcher werden Lederstreifen gezogen und befestigt (siehe Skizze). Wenn die Kokosschale gefüllt ist, werden wie bei allen frei und beweglich aufgehängten Futterhilfen die Artisten unter den Vögeln, die Meisen, auch hier die häufigsten Gäste sein.

Welchem Futterbrett Sie den Vorzug geben, liegt bei Ihnen. Für das halbkreisförmige Brett wurde die Schnittlinie mit einem umgestülpten Eimer angezeichnet und mit der Stichsäge ausgeschnitten. Aus 3 mm dickem Sperrholz wird ein schmaler Streifen geschnitten und als Rand aufgenagelt. Das rechteckige Brett bekommt eine Begrenzung aus kleinen Ästen, die über den Brettrand hinausragen können, um Meisenknödel daran aufzuhängen. Wenn der Standort es erfordert, bringen Sie über der Futterkonsole ein Dach an.

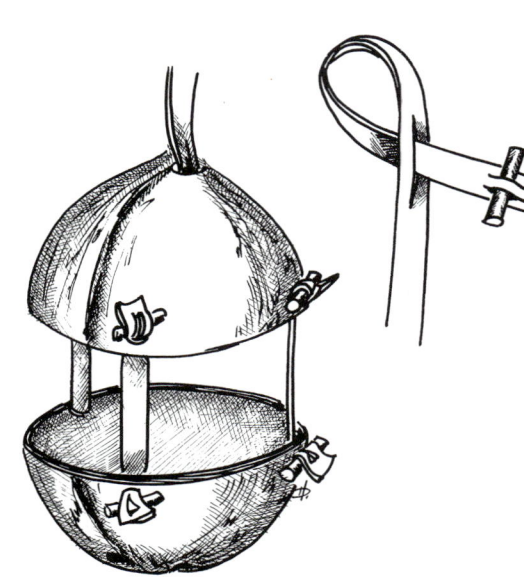

Grad geneigt. Die gesamte Breite des Daches beträgt 340 mm einschließlich der 18 mm dicken Giebelleisten. Zwischen Boden und Dach wird die von Ihnen ausgewählte Wurzel befestigt. Als Alternative eignet sich auch ein kräftiger, stark verzweigter Ast. Das Futterhaus kann auf einem Pfosten aufgestellt werden.

Wurzelhaus

Besonders reizvoll ist es, eine Wurzel oder ähnliches Naturmaterial für den Bau eines Futterhauses zu verwenden. Hier genaue Maßangaben zu geben ist schwierig, da die Größe der Wurzel die Maße für das Haus bestimmt. Das fotografierte Futterhaus hat eine Bodenplatte von 300 x 300 mm, einschließlich einer umlaufenden Randleiste. Sie ist 30 mm breit, 18 mm dick und steht oben über, damit das Futter nicht herabfallen kann. Die beiden Giebelseiten sind je 210 mm lang, die Dachflächen sind im Winkel von 30

Dachhaus

Das Haus erhält seinen beson-
deren Reiz dadurch, dass es nur
aus dem Dach besteht. Solche
Häuser wurden in den Jahren
zwischen 1960 und 1970 gerne
als Ferienhäuser gebaut, heute
sieht man sie gelegentlich als
Spielhäuser auf Kinderspiel-
plätzen.

Das Futterhaus entspricht in
der Bauweise dem Dreieck-
kasten (S. 18), allerdings ohne
Vorder- und Rückwand. Die
Dachseiten werden genauso
vorbereitet und am First miteinander verschraubt und verleimt, anschließend wird der
Boden eingepasst. Sägen Sie
die Giebelleisten und die Rand-

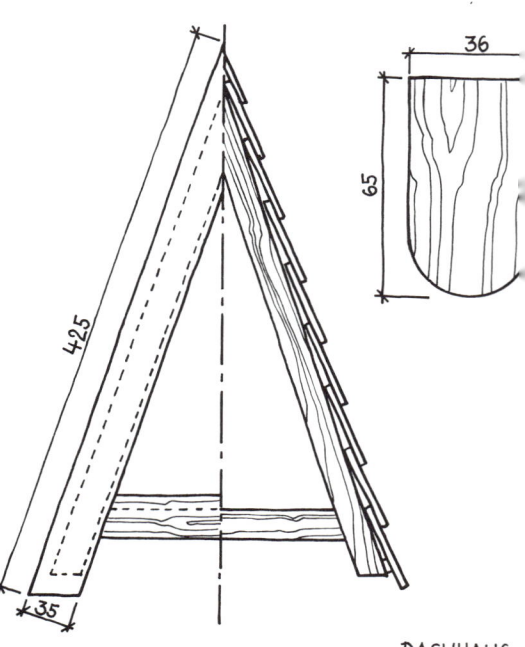

DACHHAUS

Futterschacht

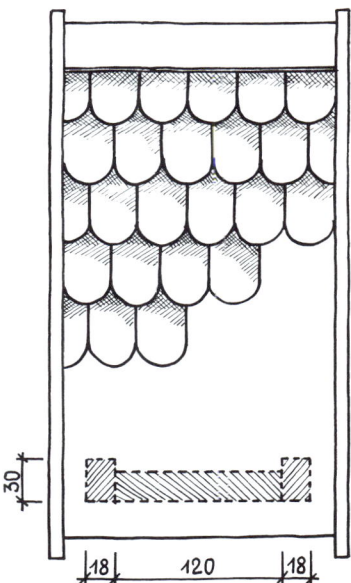

Als »Fütterungsautomatik« ist ein Futterschacht vielseitig verwendbar, und er wird in einige der nachfolgend beschriebenen Futterhäuser eingebaut. Das Futter rutscht durch einen Spalt nach, wenn die Vögel den außen liegenden Vorrat gefressen haben. Der Schacht enthält Futter für mehrere Tage. Die Futteröffnung können Sie einseitig oder zweiseitig anlegen. Sägen Sie die vier Wände nach den Maßangaben der Zeichnung aus 18 mm dickem Leimholz. Die vier Teile werden verschraubt, die Futterrutsche wird im Winkel von 45 Grad eingesetzt. Der Futterschacht lässt sich verschließen durch einen herausnehmbaren Einsatz, an dem das Dach angeschraubt wird. Der Einsatz sollte möglichst genau in die Schachtöffnung passen, daher messen Sie die Innermaße des Schachtes, bevor Sie den Einsatz bauen. Eine Alternative ist das Anbringen von Scharnieren wie bei der Almhütte (siehe S. 50).

leisten für den Boden zu, ebenso die Dachschindeln. Streichen Sie alle Teile, bevor sie montiert werden. Nach dem Trocknen der Farbe wird zuerst das Dach von unten nach oben gedeckt. Die Schindeln werden aufgeleimt und zusätzlich genagelt. Zuletzt wird der First abgedeckt. Nach dem Befestigen der Bodenleiste bringen Sie zuletzt die Giebelbretter an, und das Futterhaus ist fertig.

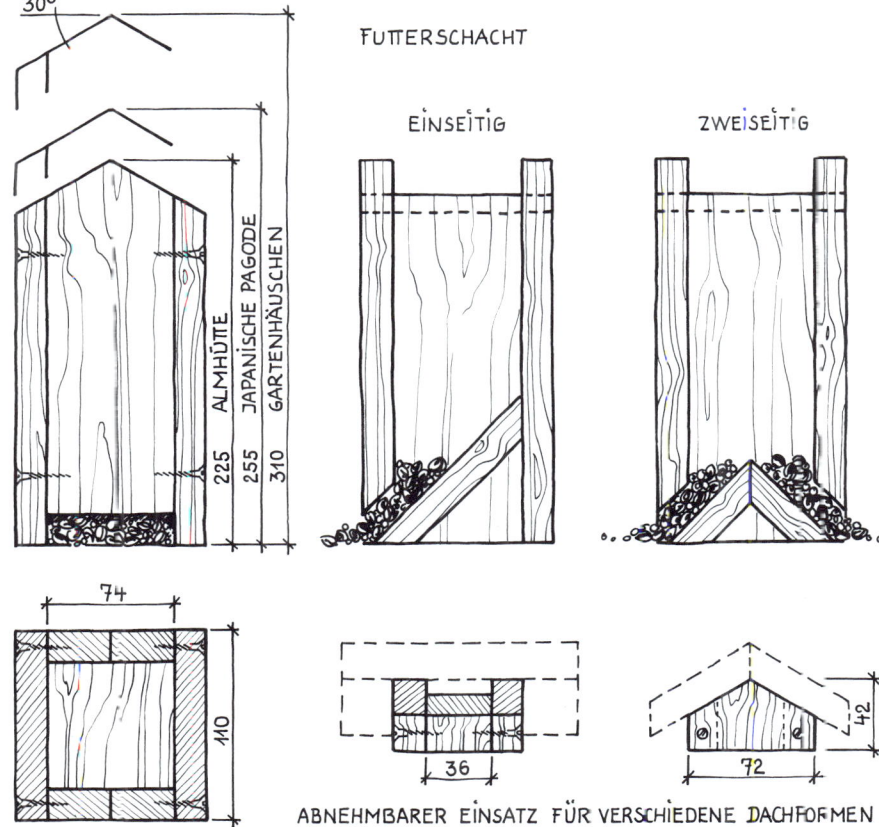

FUTTERSCHACHT

EINSEITIG

ZWEISEITIG

ABNEHMBARER EINSATZ FÜR VERSCHIEDENE DACHFORMEN

Almhütte

Bei der Almhütte handelt es sich um einen Futterschacht mit Dach und Boden. Sie eignet sich zum Aufhängen an einer Wand. Der Schacht wird auf die Bodenplatte geschraubt. Seitlich und vorn bringen Sie die Randleisten an. Beide Dachflächen werden am First und an der unteren Kante im Winkel von 30 Grad auf Gehrung geschnitten. Die Dachflächen verbinden Sie mit zwei Scharnieren, die linke Seite wird am Futterschacht festgeschraubt. Jetzt kann das Dach mit Dachpappe gedeckt werden. Bereiten Sie die Giebelleiste vor und nageln Sie sie bündig mit der Dachpappe an. Am Giebel, wo sich die beiden Leisten treffen, müssen Sie von der Spitze etwa 5 mm absägen, sonst lässt sich die rechte Dachhälfte nicht öffnen. Die zweiten Giebelleisten streichen Sie zuerst an, dann werden sie etwas tiefer auf die ersten genagelt. Der Blumenkasten besteht aus zwei Teilen (siehe Zeichnung), die aufeinander geleimt wer-

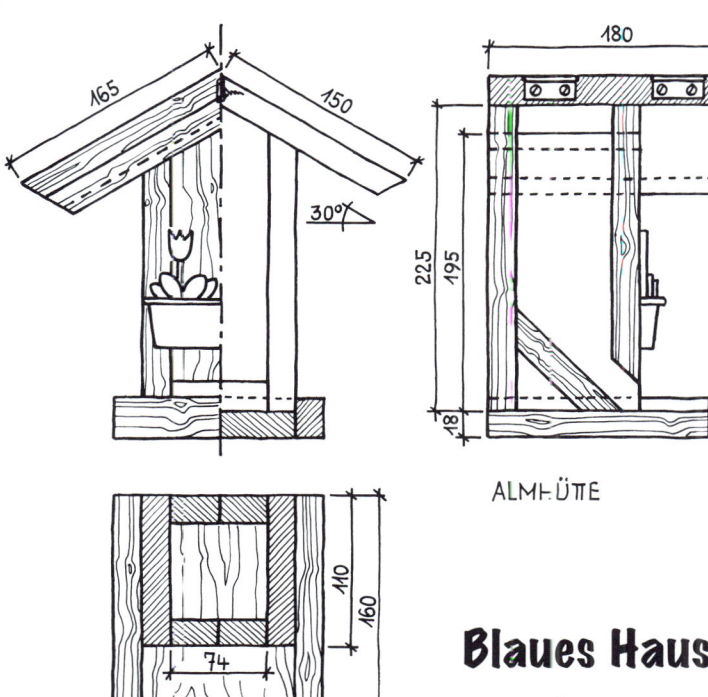

ALMHÜTTE

den. Blumen und Blätter werden aus 3 mm dickem Sperrholz gesägt. Für die Blumenstiele können Sie Draht (z. B. dünnen Schweißdraht) verwenden. Wenn alle Teile vorbereitet und angemalt sind, werden sie direkt auf die Almhütte geleimt. Weitere Blumenkästen könnten Sie an den Seitenwänden anbringen. So entsteht ein richtiges Blumenhaus.

Blaues Haus

Der in das Haus integrierte Aufstellpfosten ermöglicht es, das Häuschen mit seiner ausgefallenen, aber doch sehr reizvollen Form frei im Garten aufzustellen. Sägen Sie den Boden, die

Seiten und beide Dachhälften zu. Mit Bleistift wird die Diagonale auf dem Boden angezeichnet und im Kreuzungspunkt der Linien das Loch für den Pfosten (30 mm Durchmesser) gebohrt. Die Seitenteile werden mit jeweils zwei Schrauben so am Boden befestigt, dass die Spitze des Quadrates 15 mm nach unten übersteht. Im Firstbalken bohren Sie genau in der Mitte ein etwa 15 mm tiefes Loch (30 mm Durchmesser) für den Aufstellpfosten. Setzen Sie den Firstbalken zwischen die Seitenwände. Eine Dachhälfte kann jetzt fest aufgeschraubt werden, die andere wird mit Klebeband (z. B. Malerkrepp) provisorisch am First befestigt. Die vier Dachbalken, die gleichzeitig als Scharniere dienen, verbinden

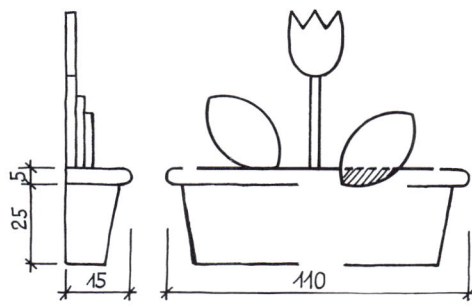

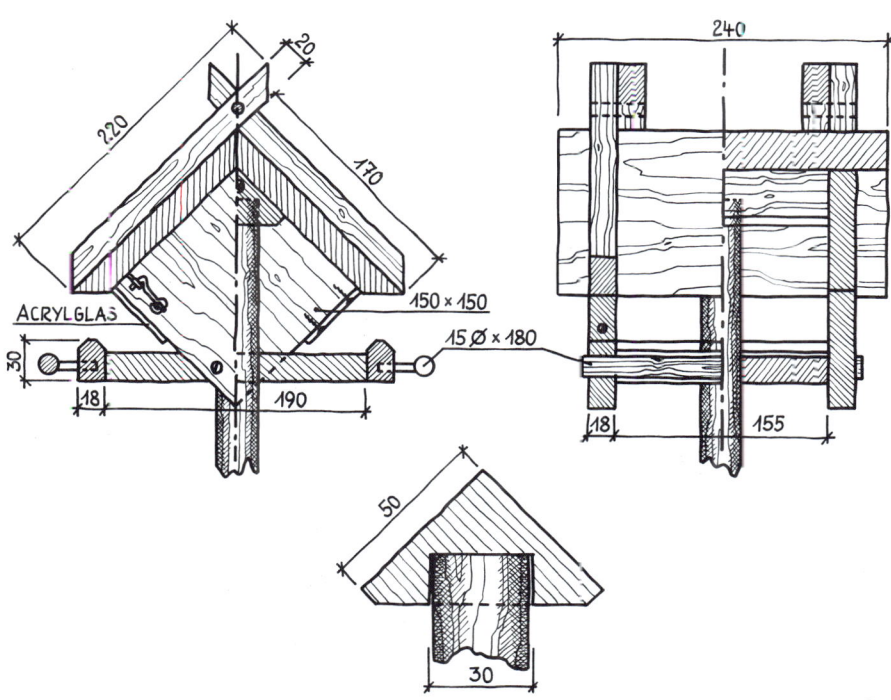

Sie mit einem Rundstab (Durchmesser 8 mm) so, dass sie beweglich bleiben. Sie werden auf das Dach gelegt (siehe Zeichnung) und von unten festgeschraubt. Die Dachseite lässt sich jetzt wie ein Kistendeckel öffnen, um Futter nachzufüllen. Am Boden werden die Randleisten sowie Rundstäbe als Sitzstangen angebracht. Zum

Schluss fehlen nur noch die Acrylglasscheiben. Diese sollten oben am Dach abschließen, unten aber etwa 10-12 mm vom Boden entfernt bleiben, damit Futter nachrutschen kann. Wie bei fast allen Futterhäuschen und Nistkästen empfiehlt es sich auch hier, die Einzelteile vor dem Zusammenbauen zu streichen.

Schilfhütte

An einem Teich passt sich die Schilfhütte gut in ihre natürliche Umgebung ein. Sie ist einfach zu bauen. Beginnen Sie mit dem Zuschnitt der Teile, wobei Sie die Maße der Zeichnung entnehmen. Am Bodenbrett werden die Randleisten und die Seitenteile angeschraubt. Die Seiten sägen Sie am oberen Ende so ein, dass der Firstbalken vertieft eingesetzt werden kann. Die vier Dachsparren stoßen an den Firstbalken an und liegen bündig mit der Dachschräge. Sie werden außen an die Seitenwände angeschraubt. Vor dem Befestigen der beiden Dachbalken schlagen Sie im Abstand von etwa 30 mm Drahthäkchen ein, ebenso auf beiden Seiten des Firstbalkens. An den Häkchen wird das Schilf mit Blumendraht befestigt. Die Haken können Sie aus 20 mm langen Nägeln selbst biegen, nachdem die Nagelköpfe mit einer Zange abge-

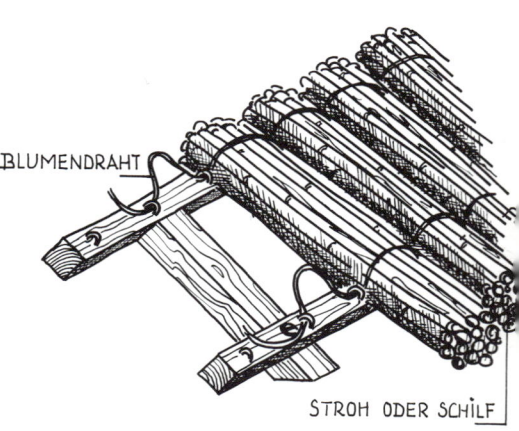

BLUMENDRAHT

STROH ODER SCHILF

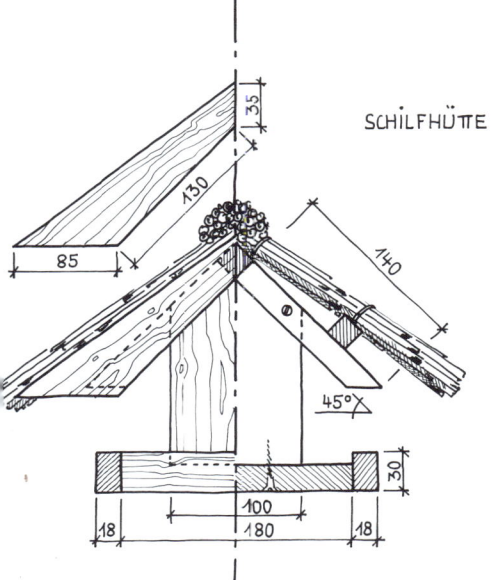

SCHILFHÜTTE

35
130
85
140
45°
100
180
18
18
30

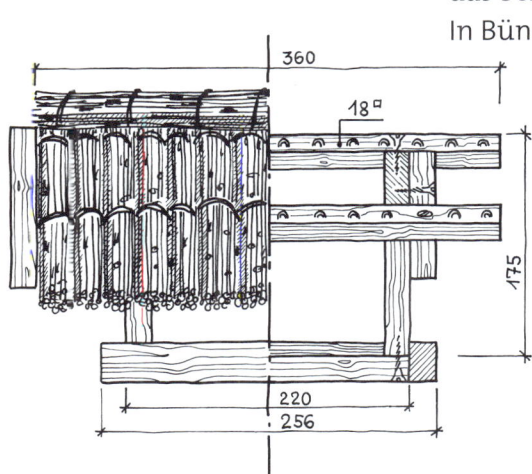

360
18□
175
220
256

zwickt wurden. Sind Dach- und
Firstbalken festgeschraubt, wird
das Schilfdach aufgebunden.
In Bündeln wird es mit Blumendraht befestigt (siehe
Zeichnung). Als Alter-
native zu Schilf lässt
sich Stroh verwerden.
Zuletzt werden die Gie-
belleisten angenagelt.

Gartenhäuschen

Der Futterschacht versorgt die Vögel auch dann, wenn Sie ein paar Tage abwesend sind. Das Gartenhaus entspricht im Aufbau dem des Fruchthäuschens. Bauen sie zuerst den 310 mm hohen zweiseitigen Futterschacht (siehe S. 49). Beim Zusammenbau des Gartenhäuschens folgen Sie der Bauanleitung des Fruchthäuschens bis zur Befestigung der Seiten-

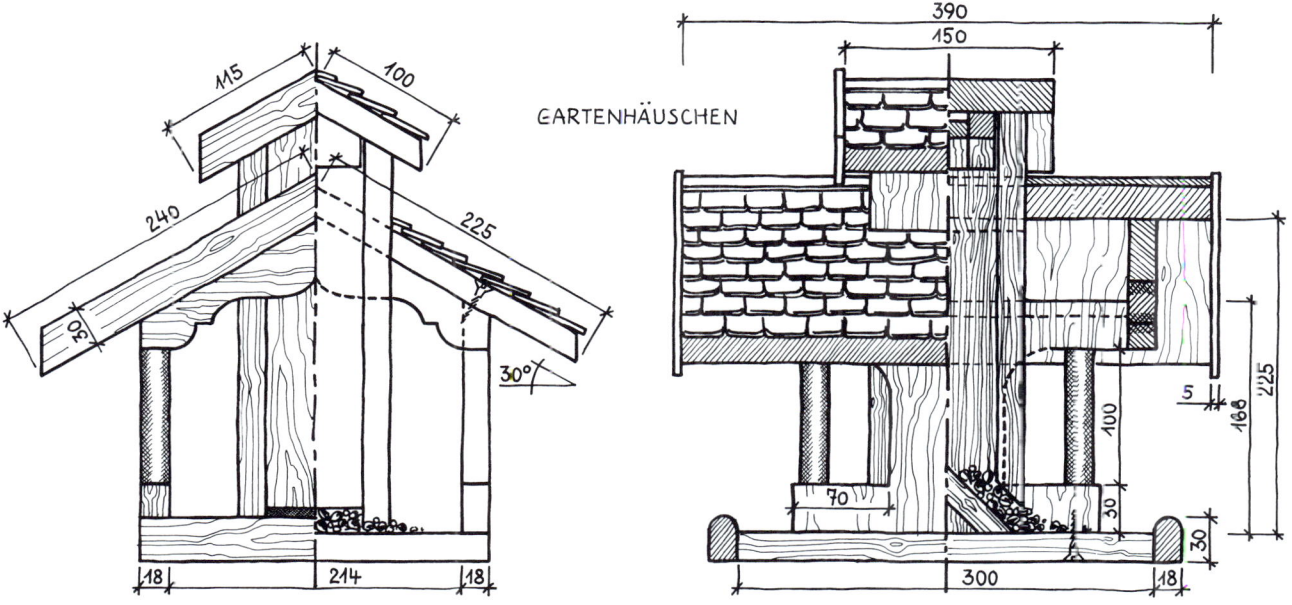

GARTENHÄUSCHEN

Fruchthäuschen

wände. Ist alles soweit montiert, wird der Futterschacht in der Mitte des Bodens festgeschraubt. Leimen Sie ihn aber nicht fest, damit er bei Bedarf für eine gründliche Reinigung entfernt werden kann. Das Dach sägen Sie nach der Zeichnung zu mit dem Ausschnitt für den Futterschacht. Stellen Sie die Dachschindeln her (siehe Abschnitt »Arbeitstechniken«, S. 10). Leimen und nageln Sie die Schindeln, von unten beginnend, auf die Dachflächen. Am First werden durchgehende Leisten als Abdeckung aufgenagelt. Nach dem Anbringen der Giebelbretter und der Randleiste ist das Gartenhäuschen fertig. Auch hier können Sie wie beim Fruchthäuschen Fruchtspieße für Äpfel, Birnen oder andere Leckerbissen aufstecken.

Hier stehen neben Körnerfutter auch mal ein Apfel, eine Birne, anderes Obst oder Kokosstückchen auf dem Speiseplan – eine willkommene Abwechslung für die Vögel. Alle Einzelteile werden zunächst mit geraden Sägeschnitten zugeschnitten. Die

Ausschnitte der Seitenteile zeichnen Sie vor. Für die Rundung kann z. B. eine Farbdose oder ein Glas verwendet werden. Die Formen des geschwungenen Giebels übertragen Sie aus der Zeichnung. Giebel und Seitenteile werden mit einer

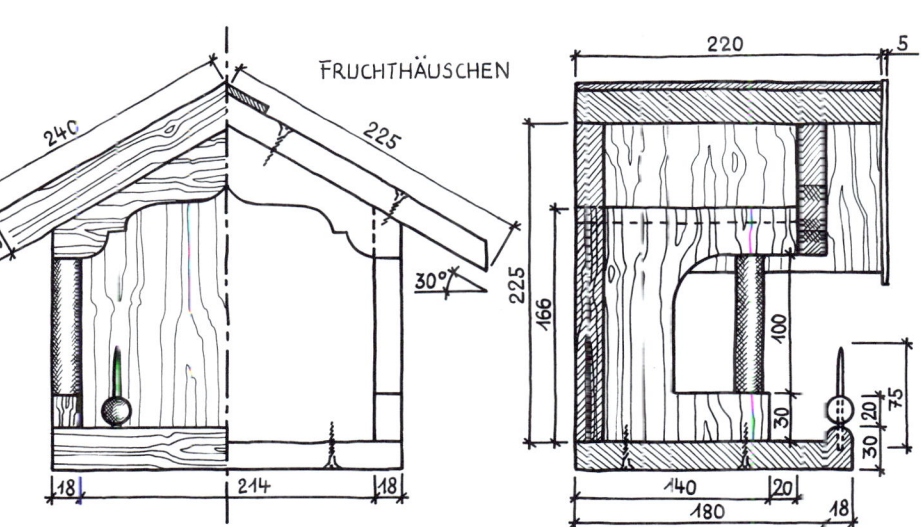

FRUCHTHÄUSCHEN

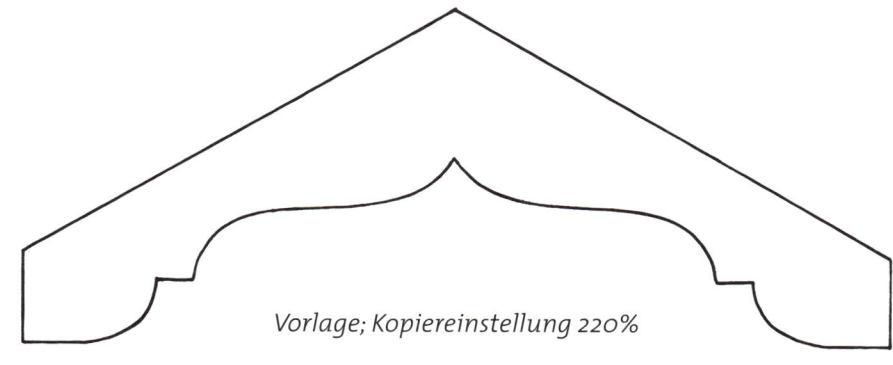

Vorlage; Kopiereinstellung 220%

Stichsäge gesägt. Bevor die Seiten mit Boden, Rückwand und Giebel verbunden werden, leimen Sie die Säulen ein. Nachdem die Wände stehen, befestigen Sie das Dach sowie die Giebelleisten. Die Randleiste für den Boden runden Sie oben ab. Bevor sie befestigt wird, bohren Sie zwei Löcher (5 mm Durchmesser) für die Fruchtspieße.

Zwei Kugeln (20 mm Durchmesser) werden auf 5 mm dicke Rundstäbe geschoben und festgeleimt. Die Rundstäbe schleifen Sie oben spitz zu. Leimen

Sie die Fruchtspieße in die Löcher auf der Randleiste. Ob farbig angestrichen oder naturbelassen – das Fruchthäuschen findet immer Anerkennung.

Campanile

Ein außergewöhnliches Futterhaus mit besonderer Anzie-
hungskraft: Hier bleibt die Anerkennung nicht aus und ganz
gewiss auch nicht die Vogel-
schar. Turm und Futterhaus
sind eine Einheit, werden aber
getrennt gebaut und dann aufeinander gesetzt. Die vier Eckpfeiler bilden das Gerüst des
Turmes. Dazu werden jeweils
zwei 1200 mm lange Leisten
mit den Maßen 36 x 18 mm und
18 x 18 mm zu einer Eckleiste

verleimt. Sägen Sie zwei Innen-
böden 140 x 140 mm mit den
Aussparungen für die Eckpfeiler
zu und bohren Sie die Löcher für
die Fruchtspieße. Die Zwischen-
böden werden in unterschiedlicher Höhe befestigt (siehe
Zeichnung). Den oberen und
unteren Abschluss schrauben
Sie auf die Eckpfeiler. Wenn der
Turm soweit fertig ist, setzen
Sie ihn auf die Bodenplatte und
schrauben ihn fest. Die Drei-
kantleisten für die Zwischen-
böden schneiden Sie schräg ab
und befestigen sie mit kleinen
Nägeln. Dabei sollen die Leisten

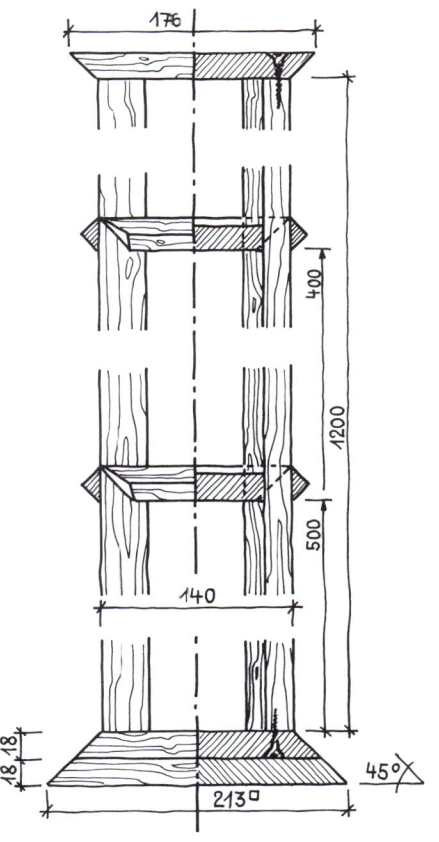

CAMPANILE TURM

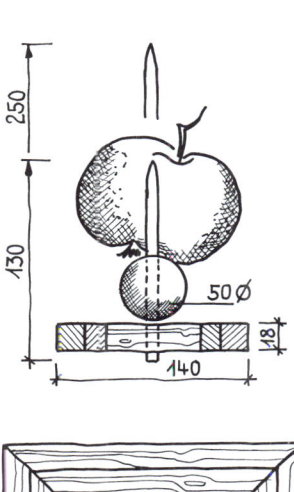

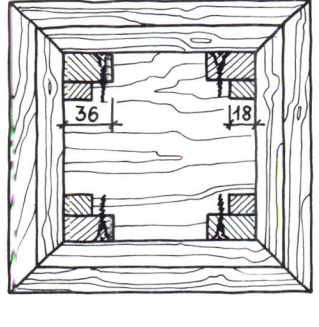

DRAUFSICHT

oben überstehen, weil dadurch die Schrauben verdeckt werden und gleichzeitig ein Rand entsteht, der verhindert, dass Futter herabfallen kann. Für die Fruchtspieße wird ein Rundstab von 8 mm Durchmesser in die vorgebohrte Kugel geleimt und spitz zugeschliffen. Alternativ zu den Fruchtspießen kann ein Haken eingeschraubt werden, an dem ein Meisenknödel aufgehängt wird.

Die vier Seitenwände des Futterhauses werden auf Gehrung

Das Futterhaus des Campanile lässt sich auch ohne Turm verwenden.

gesägt, der Rundbogen wird mit einer Stichsäge ausgeschnitten. Die Teile werden miteinander verleimt (siehe dazu den Abschnitt »Arbeitstechniken«, S. 10) und auf der Bodenplatte festgeschraubt. Die vier Dreiecke für das Dach zeichnen Sie auf die 18 mm dicke Leimholzplatte. Die Stichsäge wird auf einen Schnittwinkel von 60 Grad eingestellt und die Dachschräge in diesem Winkel gesägt. Die Unterkante vom Dach bleibt rechtwinklig. Ebnen Sie die Kanten mit Schleifpapier oder einer Feile und leimen Sie die Teile zusammen. Lassen Sie den Leim ausreichend trocknen. Die Seitenwände des Hauses schrägen Sie oben ab, dann leimen Sie das fertige Dach auf. Eine einfache Futterschale erhalten Sie, indem Sie vier Leisten auf ein 6 mm dickes Sperrholzbrett nageln. Die Futterschale darf jedoch nicht breiter als 130 mm sein, da sie sonst nicht durch den Rundbogen passt. Den gleichen Zweck erfüllt ein Blumenuntersetzer aus Ton. Das Futterhaus wird auf den Turm geschraubt und an einem geeigneten Platz, vielleicht auf der Terrasse, aufgestellt.

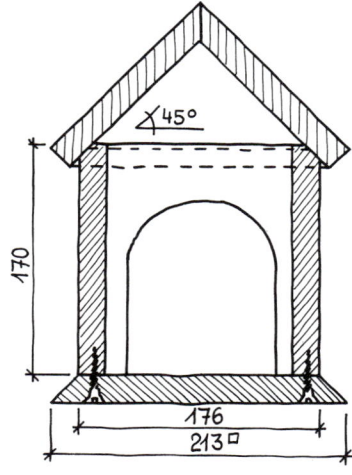

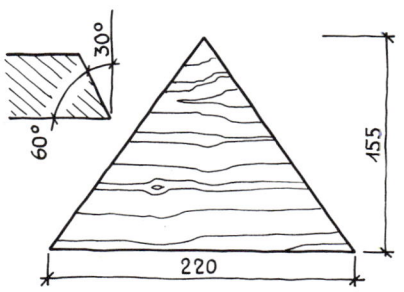

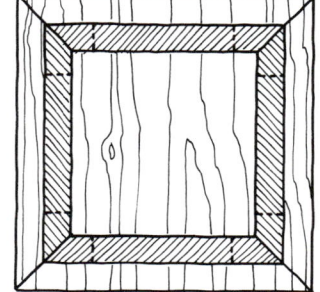

CAMPANILE FUTTERHAUS

Kleine Pagode

Aus dem Land der aufgehenden Sonne stammt die Idee für dieses Futterhäuschen. Die japanischen Schriftzeichen bedeuten »Essen« und »Vogel«, eine herzliche Einladung an die gefiederten Gäste. Beginnen Sie mit

Vorlage; Kopiereinstellung 280 %

dem Bau des 255 mm hohen zweiseitigen Futterschachtes (siehe S. 49). Sägen Sie die quadratische Bodenplatte zu und bringen Sie die Randleisten an. Der Futterschacht in der Mitte wird nur festgeschraubt, nicht aufgeleimt. Bringen Sie das vorbereitete Dach mit dem Ausschnitt am Futterschacht an.

Zusätzlich können Sie die Dachflächen mit Schrauben im First
verbinden. Nach dem Befestigen
der Giebelleisten wird das Dach
gedeckt. Beim dargestellten
Futterhäuschen wurden dafür
Rundstäbe aus Bambus aus
einem alten, auf dem Flohmarkt
erstandenen Rollo verwendet.
Die Rundstäbe wurden auf die
passende Länge geschnitten
und auf das Dach geleimt. Zusätzlich wurden am First und
im unteren Bereich Querleisten
aufgeleimt und genagelt. In die
Ecken der Bodenplatte kommen
Pfosten mit aufgesetzten Kugeln (siehe S. 21, Schwedisches
Ferienhäuschen). Die Pfosten
werden an den Seiten mit Quer-
hölzern verbunden. In die Kerben lassen sich Meisenknödel
hängen. Die kleine Pagode kann
auf einem Pfosten aufgestellt
oder an Seilen aufgehängt
werden. Sie bringt ein
wenig fernöstliche
Exotik in Ihren
Garten.

Gartenpavillon

Unter allen im Buch beschriebenen Futterhäuschen ist
dieses das größte. Seine achteckige Bauweise erfordert einige
Zeit und Geschicklichkeit. Umso
größer ist das Erfolgserlebnis,
wenn es dann fertig im Garten
steht. Sie sollten eine
kleine Tischkreis-
säge besit-
zen, um die
Leisten win-
kelgerecht zuschneiden
zu können. Wie alle
Futterhäuschen
wird auch dieses
aus 18 mm dicken
Leimholzplatten gebaut. Das
Dach ist aus 5 mm dickem
Kiefernsperrholz. Da es sehr
schwierig ist, das fertige Futterhaus zu streichen, empfiehlt es

sich, die einzelnen Teile schon
vor dem Zusammenbau zu
bemalen. Beginnen Sie mit dem
Vorbereiten der Bodenplatte.

GARTENPAVILLON

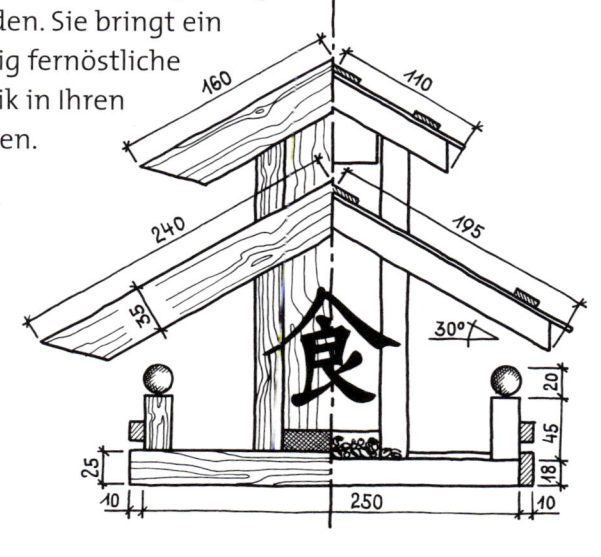

KLEINE PAGODE

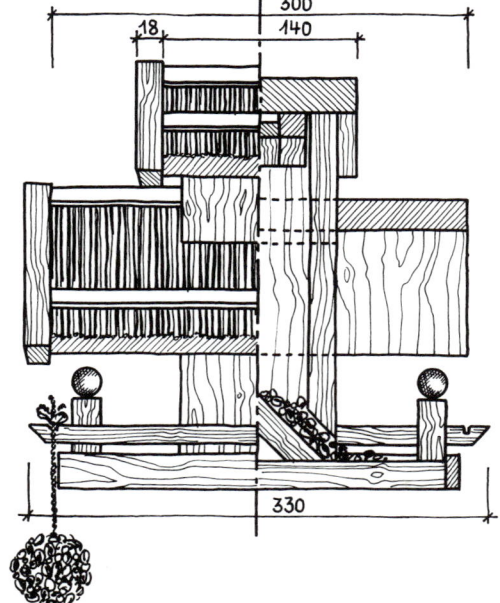

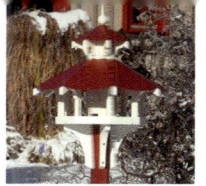

Wie auf der Zeichnung dargestellt, wird ein Kreis mit einem Durchmesser von 360 mm (Radius 180 mm) auf die Platte gezeichnet. Teilen Sie den Kreis mit einem 45-Grad-Winkel in acht gleiche Felder und verbinden Sie die jeweils benachbarten Teilungspunkte auf dem Kreis mit einer Linie. So erhalten Sie die achteckige Bodenplatte, die ausgesägt wird. Auf die Außenkante nageln Sie eine Randleiste (Querschnitt 35 x 10 mm), um zu vermeiden, dass Futter herabfällt.

ACHTECKKONSTRUKTION DER BODENPLATTE

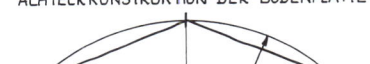

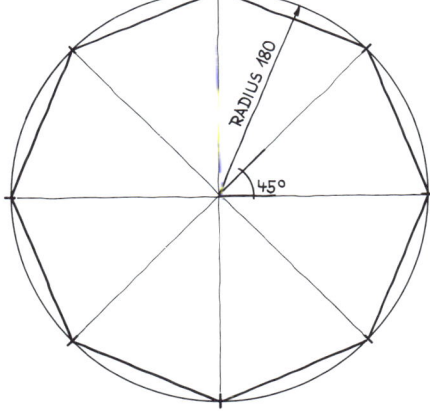

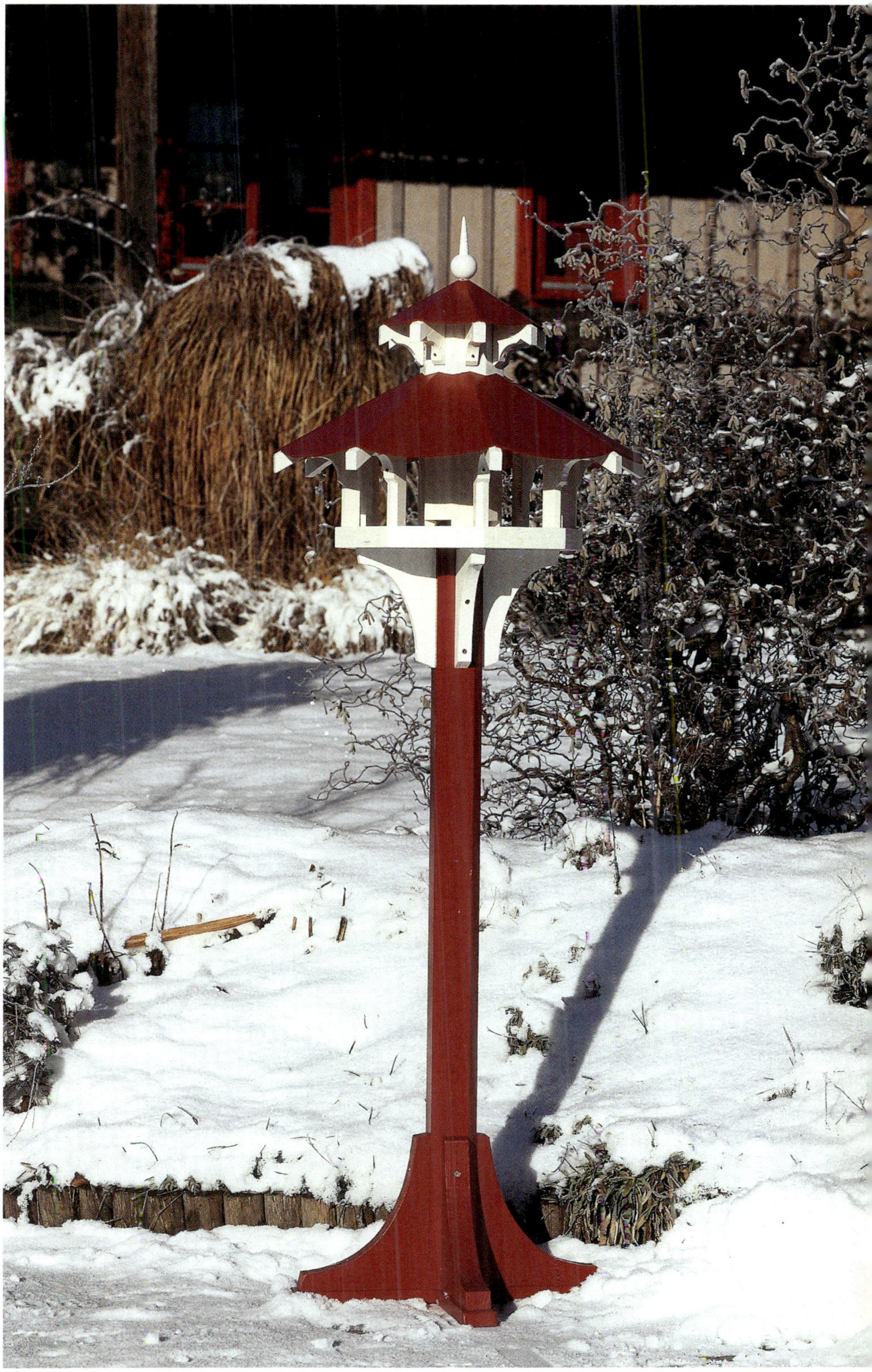

Im nächsten Schritt bauen Sie den Futterschacht und den Einsatz, an dem das Turmdach befestigt ist. Sägen Sie dazu die Leisten nach den Maßen der Zeichnung mit einem Gehrungswinkel von 22,5 Grad. Die Länge der Leisten beträgt 340 mm für den Schacht, 75 mm für den Einsatz. Am oberen Ende

werden die Leisten im Winkel von 30 Grad für die Dachschräge gesägt. Jede zweite Leiste muss unten 20 mm gekürzt werden, um so die Öffnung für den Futteraustritt zu schaffen. Der Futterschacht wird verleimt (siehe Abschnitt »Arbeitstechniken«, S. 10). Während der Leim trocknet, werden die Dachträger und Dachbalken vorbereitet. Insgesamt braucht man etwa 5 m Leisten mit einem Querschnitt von 18 x 25 mm. Auf der schmalen Seite wird jeweils bis zur Mitte eine Abschrägung im Winkel von 22,5 Grad gesägt. Anschließend werden die Leisten auf die in der Zeichnung angegebene Länge geschnitten. Der vorbereitete Futterschacht wird auf die Bodenplatte geschraubt. Drehen Sie den Futter-

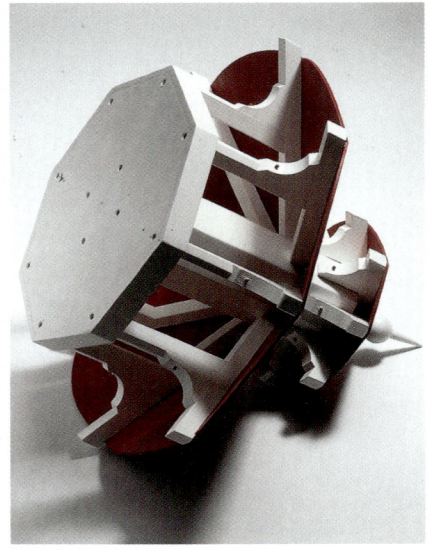

Der Blick von unten zeigt die Details der Konstruktion und erleichtert es, die Zeichnung zu lesen.

schacht dabei so, dass die breite Seite jeweils auf eine Ecke des Achtecks trifft. In jede Ecke wird

ein Dachträger geschraubt und der Dachbalken darauf gesetzt. Sägen Sie die dekorativen Streben zu und passen Sie diese zwischen Träger und Balken ein. Jetzt können Sie die Dachbalken mit dem Futterschacht durch eine Schraube fest verbinden. Schrauben Sie auch am Einsatzteil die Dachbalken auf und bringen Sie die Streben an. Zwischen Strebe und Einsatz muss ein Abstand von etwa 19 mm eingehalten werden, damit sich der Turmabschluss leicht aufstecken lässt. In alle Streben bohren Sie Löcher von 3 mm Durchmesser und setzen Holznägel ein. Sie haben ausschließ-

DRAUFSICHT FUTTERSCHACHT

82

120

50

18

FUTTERSCHACHT

33,5

18

22,5°

EINSATZ ZUR DACHBEFESTIGUNG

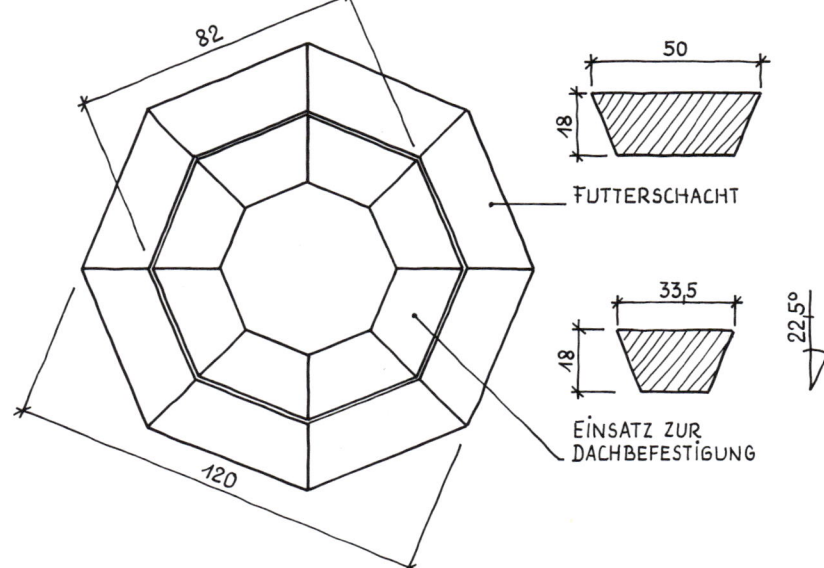

Beim abnehmbaren Dach des Futterschachtes sind die Streben gut zu sehen. Sie sind direkt an den Dachbalken befestigt.

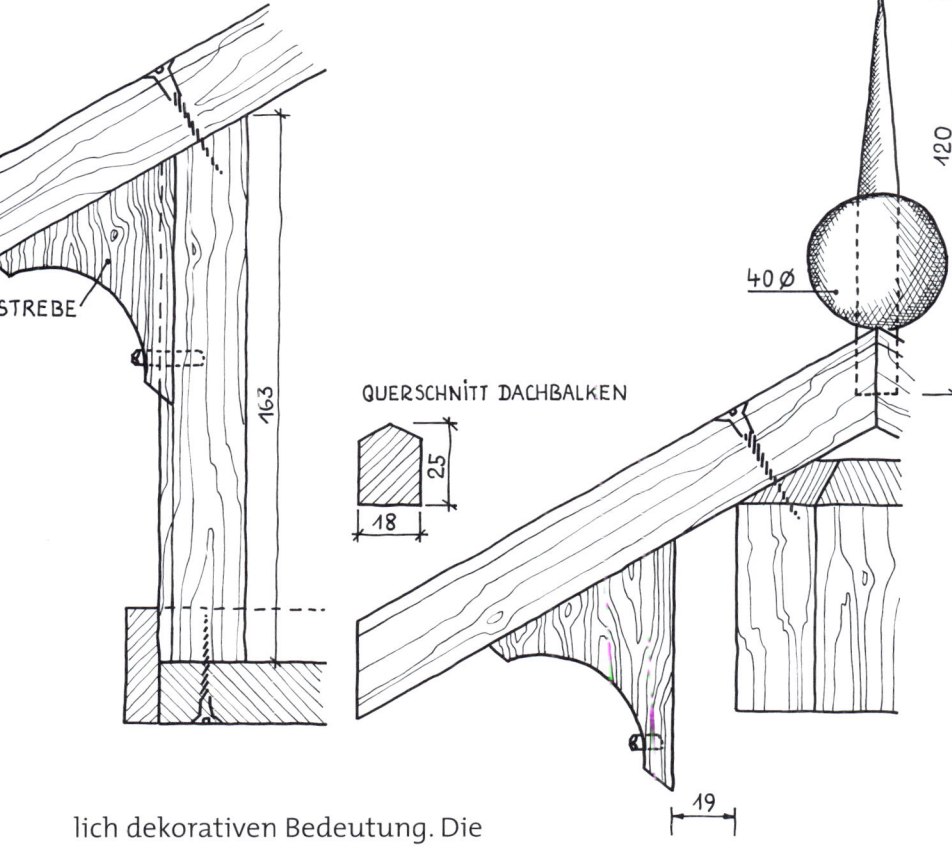

STREBE

QUERSCHNITT DACHBALKEN

163

25

18

19

120

40 Ø

eingeleimt. Haben Sie schon während des Baus die Teile gestrichen, so ist der Pavillon jetzt fertig, und Sie können den dazu passenden Ständer bauen.

Der Pavillon könnte auch mit vier Ketten an einem großen Baum im Garten aufgehängt werden.

lich dekorativen Bedeutung. Die Dachteile können nun nach der Zeichnung aus 5 mm dickem Kiefernsperrholz ausgesägt und mit kleinen, rostfreien Nägeln auf den Dachbalken platziert werden. Ist der Bau soweit ausgeführt, fehlt nur noch die Turmspitze. Sie bohren in eine Kugel von 40 mm Durchmesser

ein 10 mm großes Loch und leimen einen Rundstab ein. Die längere Seite wird spitz zugeschliffen, das kurze Ende in das vorgebohrte Loch im Turmdach

Der Fuß besteht aus einer Kreuzüberblattung, wie sie im Abschnitt Arbeitstechniken (S. 10) beschrieben ist. Darauf wird der quadratische Pfosten, der an den Kanten abgeschrägt wurde, geschraubt. Für die Konsolen am Fuß leimen Sie zwei jeweils 18 mm dicke Leimholzplatten zusammen. Nach dem Aussägen werden sie von unten am Fuß und seitlich am Pfosten angeschraubt. Die oberen, kleineren Konsolen schrauben Sie ebenso

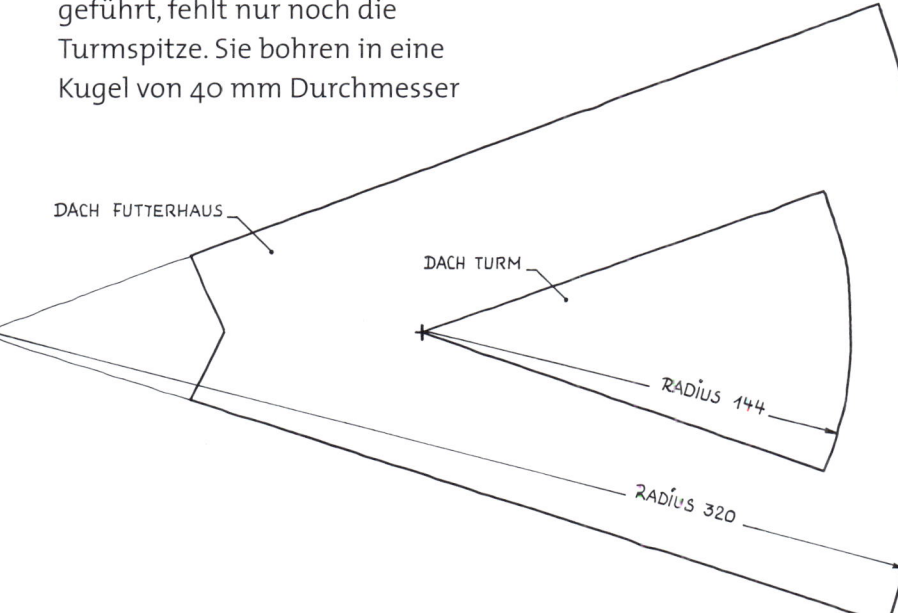

DACH FUTTERHAUS

DACH TURM

RADIUS 144

RADIUS 320

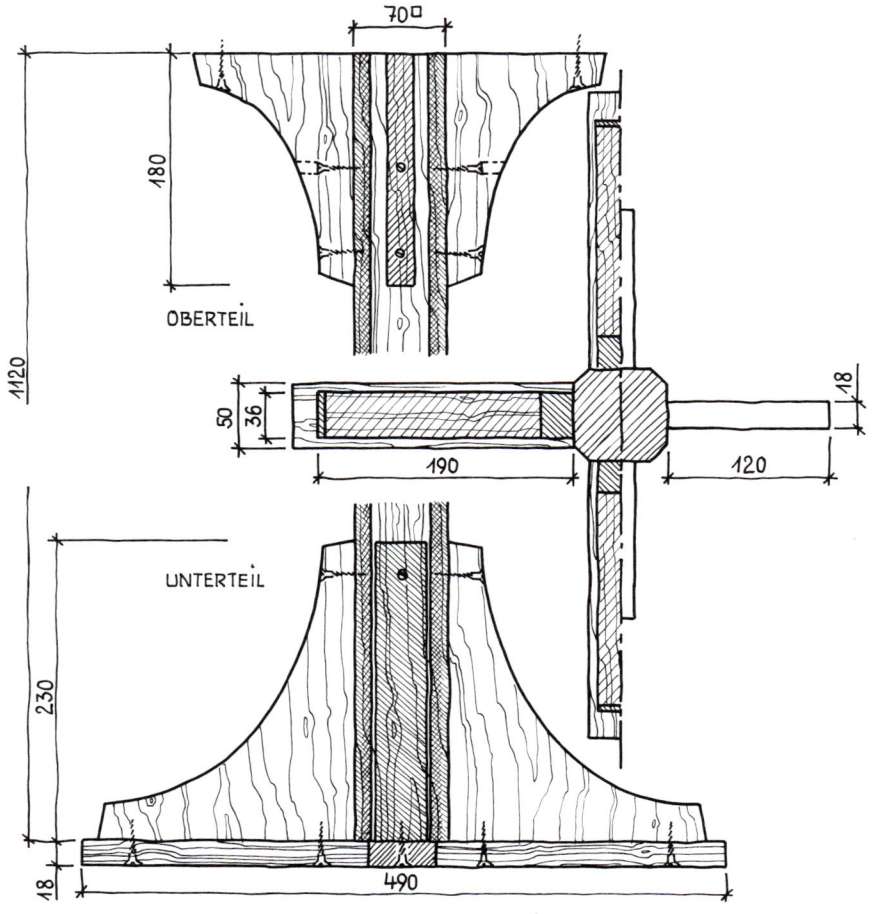

AUFSTELLSTÄNDER GARTENPAVILLON

am Pfosten fest, wobei die Schrauben in einer Bohrung mit 8 mm Durchmesser versenkt werden. In diese Bohrung können Rundstäbe zum Aufhängen von Meisenknödeln geleimt werden. Der Pavillon wird nun aufgesetzt, ausgerichtet und an den Konsolen festgeschraubt. Ist alles gestrichen, bleibt nur noch die Suche nach dem idealen Platz im Garten oder auf der Terrasse.

Bezugsquelle

Als Bezugsquelle für gutes, zweckmäßiges Handwerkzeug kann ich die Firma Dick GmbH, Donaustr. 51, 94526 Metten empfehlen (zu finden auch im Internet: www.dick-gmbh.de).

Die Deutsche Bibliothek – CIP-Einheitsaufnahme

Ein Titeldatensatz für diese Publikation ist bei Der Deutschen Bibliothek erhältlich.

Fotografie: Klaus Lipa, Diedorf bei Augsburg
Privatfotos des Autors: S. 2/3, 6, 13, 14, 19, 31, 42.
Lektorat: Günter Wiegand, Wiesbaden
Umschlagkonzeption:
Kontrapunkt, Kopenhagen
Umschlaglayout/Herstellung:
Melanie Gradtke
Layout: Anton Walter, Gundelfingen

AUGUSTUS VERLAG, München 2000
© Weltbild Ratgeber Verlage GmbH & Co. KG.

Gesetzt aus 11 Punkt The Mix in QuarkXPress von DTP-Design Walter, Gundelfingen
Reproduktion: GAV Prepress, Gerstetten
Druck und Bindung: Appl, Wemding

Gedruckt auf 115 g umweltfreundlich chlorfrei gebleichtem Papier.

ISBN 3-8043-0531-8

Printed in Germany